마인크래프트
로 배우는
생물대백과

마인크래프트 장인 조합 지음

이제 갓 게임을 시작한 초보부터 오래전부터 마인크래프트를 플레이해 온 전문 건축가에 이르기까지 다양한 플레이어들이 소속되어 있는 마인크래프트 동호회. 크리에이티브 모드, 서바이벌 모드를 가리지 않고 매일 마인크래프트를 즐기는 플레이어들이 모여 있다. 저서로는 《만화로 배우는 마인크래프트 지구 대백과》, 《마인크래프트로 배우는 생물 대백과》, 《마인크래프트로 배우는 지구 대백과》가 있다.

사마키 다케오 감수

호세이대학 생명과학부 환경응용화학과 교수를 역임했다. 현재 잡지 〈이과 탐험(RikaTan)〉의 편집장을 맡고 있다. 저서로는 《한 번 읽으면 절대 잊을 수 없는 화학 교과서》, 《하루 한 권, 일상 속 화학 물질》, 《재밌어서 밤새 읽는 원소 이야기》, 《무섭지만 재밌어서 밤새 읽는 지구과학 이야기》, 《과학잡학사전 통조림》, 《과알못도 빠져드는 3시간 과학》, 《5분 뚝딱 물리학 수업》 등이 있다.

김나정 옮김

일본 릿쿄대학에서 국제경영학을 전공하고 이화여자대학교 통역번역대학원에서 번역학 석사 학위를 취득했다. 현재 출판번역 에이전시 유엔제이에서 일본어 번역가로 활동하고 있다. 옮긴 책으로는 《만화로 배우는 마인크래프트 지구 대백과》, 《마인크래프트로 배우는 생물 대백과》, 《마인크래프트로 배우는 지구 대백과》, 《논리적으로 생각하는 습관》, 《논리적으로 글쓰는 습관》, 《크리에이티브 사고를 방해하는 것들》 등이 있다.

마인크래프트로 배우는 생물대백과

1판 1쇄 발행 2024년 7월 1일 1판 3쇄 발행 2025년 6월 16일

지은이 마인크래프트 장인 조합 감수자 사마키 다케오 옮긴이 김나정
발행인 오영진 김진갑 발행처 제제의숲
책임편집 홍혜미 편집팀장 이희자
디자인 안경희 마케팅 박시현 박준서 김승겸 김수연 박가영

출판등록 2013년 1월 25일 제2013-000028호
주소 서울시 마포구 월드컵북로5가길 12 서교빌딩 2층
원고 투고 및 독자 문의 midnightinzeze@naver.com
전화 02-332-7706 팩스 02-332-7741
블로그 blog.naver.com/midnightbookstore 페이스북 www.facebook.com/tornadobook

ISBN 979-11-5873-296-7 (73490)

제제의숲은 (주)심야책방의 자회사입니다.
이 책은 저작권법에 따라 보호를 받는 저작물이므로 무단전재와 무단복제를 금하며,
이 책 내용의 전부 또는 일부를 사용하려면 반드시 저작권자와 제제의숲의 서면 동의를 받아야 합니다.

잘못되거나 파손된 책은 구입하신 서점에서 교환해 드립니다.
맞춤법과 띄어쓰기는 국립국어원의 기준에 따랐습니다.
책 모서리가 날카로워 다칠 수 있으니 사람을 향해 던지거나 떨어뜨리지 마십시오.
종이에 베이지 않게 주의하세요. 책값은 뒤표지에 있습니다.

マインクラフトで楽しく学べる！ 生き物のひみつ大図鑑
MINECRAFT DE TANOSHIKU MANABERU! IKIMONO NO HIMITSU DAIZUKAN
by MINECRAFT SHOKUNIN KUMIAI
Copyright © 2023 by Takarajimasha, Inc., Tokyo
Original Japanese edition published by Takarajimasha, Inc., Tokyo
Korean translation rights arranged with Takarajimasha, Inc., Tokyo
through Shinwon Agency Co., Seoul
Korean translation rights © 2024 by Midnight Bookstore

이 책의 한국어판 저작권은 신원 에이전시를 통한 저작권사와의 독점 계약으로 (주)심야책방에 있습니다.
저작권법에 의해 한국 내에서 보호를 받는 저작물이므로 무단 전재와 무단 복제를 금합니다.

UNOFFICIAL BOOK

마인크래프트
로 배우는
생물대백과

마인크래프트 장인 조합 지음 · 사마키 다케오 감수 · 김나정 옮김

제제의숲

차례

제1장 포유류

- 소와 친구들 …………………………… 8
- 양과 친구들 …………………………… 9
- 염소와 친구들 ………………………… 10
- 토끼와 친구들 ………………………… 11
- 멧돼지와 친구들 ……………………… 12
- 돼지와 친구들 ………………………… 13
- 말과 친구들 …………………………… 14
- 얼룩말과 친구들 ……………………… 15
- 라마와 친구들 ………………………… 16
- 고양이와 친구들 ……………………… 17
- 살쾡이와 친구들 ……………………… 18
- 사자와 친구들 ………………………… 19
- 호랑이와 친구들 ……………………… 20
- 표범과 친구들 ………………………… 21
- 그 밖의 대형 고양잇과 친구들 ……… 22
- 하이에나와 친구들 …………………… 23
- 늑대와 친구들 ………………………… 24
- 개와 친구들 …………………………… 25
- 여우와 친구들 ………………………… 26
- 판다와 친구들 ………………………… 27
- 곰과 친구들 …………………………… 28
- 족제비와 친구들 ……………………… 29
- 몽구스와 친구들 ……………………… 30
- 쥐와 친구들 …………………………… 31
- 햄스터와 친구들 ……………………… 32
- 고슴도치와 친구들 …………………… 33
- 다람쥐와 친구들 ……………………… 34
- 두더지와 친구들 ……………………… 35
- 코끼리와 친구들 ……………………… 36
- 코뿔소와 친구들 ……………………… 37
- 기린과 친구들 ………………………… 38
- 캥거루와 친구들 ……………………… 39
- 사슴과 친구들 ………………………… 40
- 박쥐와 친구들 ………………………… 41
- 원숭이와 친구들 ……………………… 42
- 유인원과 친구들 ……………………… 43
- 돌고래와 친구들 ……………………… 44
- 매너티와 친구들 ……………………… 45
- 바다사자와 친구들 …………………… 46
- 물범과 친구들 ………………………… 47
- 고래와 친구들 ………………………… 48

제2장 조류

- 앵무새와 친구들 ……………………… 50

참새와 친구들………………………51	가자미와 친구들………………………74
오리와 친구들………………………52	도미와 친구들………………………75
타조와 친구들………………………53	다랑어와 친구들………………………76
펭귄과 친구들………………………54	메기와 친구들………………………77
비둘기와 친구들………………………55	뱀장어와 친구들………………………78
제비와 친구들………………………56	미꾸라지와 친구들………………………79
아름다운 울음소리의 새와 친구들……57	잉어와 친구들………………………80
올빼미와 친구들………………………58	가오리와 친구들………………………81
고니와 친구들………………………59	금붕어와 친구들………………………82
매와 친구들………………………60	송사리와 친구들………………………83
독수리와 친구들………………………61	아귀와 친구들………………………84
왜가리와 친구들………………………62	날치와 친구들………………………85
공작새와 친구들………………………63	상어와 친구들………………………86
콘도르와 친구들………………………64	오징어와 친구들………………………87
까마귀와 친구들………………………65	문어와 친구들………………………88
찌르레기와 친구들………………………66	조개·앵무조개와 친구들……………89
	갯민숭달팽이와 친구들………………90

제 3 장 어류 · 조개류 등

열대어와 친구들………………………68
연어와 친구들………………………69
대구와 친구들………………………70
복어와 친구들………………………71
넙치와 친구들………………………72
붕어와 친구들………………………73

제 4 장 파충류 · 양서류

거북과 친구들………………………92
뱀과 친구들………………………93
이구아나와 친구들………………………94
도마뱀·도마뱀붙이와 친구들………95
악어와 친구들………………………96

카멜레온과 친구들 ·················· 97	메뚜기와 친구들 ·················· 112
도롱뇽과 친구들 ·················· 98	하늘소와 친구들 ·················· 113
아홀로틀과 친구들 ·················· 99	비단벌레와 친구들 ·················· 114
개구리와 친구들 ·················· 100	개미와 친구들 ·················· 115
	거미와 친구들 ·················· 116
	전갈과 친구들 ·················· 117

제 5 장 절지동물·자포동물

벌과 친구들 ·················· 102	게와 친구들 ·················· 118
나비와 친구들 ·················· 103	새우와 친구들 ·················· 119
나방과 친구들 ·················· 104	물벼룩과 친구들 ·················· 120
잠자리와 친구들 ·················· 105	소라게와 친구들 ·················· 121
장수풍뎅이와 친구들 ·················· 106	공벌레와 친구들 ·················· 122
사슴벌레와 친구들 ·················· 107	따개비와 친구들 ·················· 123
사마귀와 친구들 ·················· 108	가재와 친구들 ·················· 124
매미와 친구들 ·················· 109	지네와 친구들 ·················· 125
모기와 친구들 ·················· 110	해파리와 친구들 ·················· 126
무당벌레와 친구들 ·················· 111	말미잘과 친구들 ·················· 127

이 책을 읽는 독자 여러분께

이 책은 마인크래프트의 공식 도서가 아닙니다. 모장 스튜디오와 마인크래프트는 이 책의 내용에 전혀 책임이 없음을 알려 드립니다. 더불어 도서의 발행을 가능하게 해 주신 모장 스튜디오 및 마이크로소프트사에 진심으로 감사드립니다.

이 책은 집필 시점의 마인크래프트 정보를 기준으로 작성된 도서로, 이후 내용이 변경될 수 있습니다. 따라서 이 책에 실린 게임 화면은 집필 시점 버전을 이용하여 현재 출시된 버전의 게임 화면과는 다를 수 있습니다.

이 책에 기재된 회사명, 상품명, 소프트웨어명은 관계 회사의 상표 또는 등록 상표인 점을 명시하여 본문에서는 표기를 생략하였습니다.

이 책에 기재된 생물의 무게, 몸길이, 몸높이는 대략적인 수치임을 알려 드립니다. 우리나라 고유종에 대한 부분은 한국어판에서 새로 추가한 내용입니다. 내용에 대한 책임은 한국 출판사에 있습니다.

제1장 포유류

포유류는 어미의 젖을 먹으면서 자라는 동물이에요. 인간도 포유류에 속하지요. 몸에 털이 나 있고 폐로 호흡을 하기 때문에 대부분 지상에서 생활한답니다. 포유류 가운데 일부는 물속에 살기도 하지만, 호흡할 때는 물 밖으로 나오거나 신체의 일부를 공기 중으로 노출시켜 산소를 흡입해요.

우리 주민도 포유류야! 포유류 중에는 우리에게 친숙한 동물이 많아.

소와 친구들

궁금해? 소는 왜 위가 네 개나 있을까?

마인크래프트 게임에서도 소는 큰 도움이 되는 동물이에요. 고기와 우유, 가죽을 얻을 수 있어요. 소를 발견하면 꼭 길들여서 번식시키세요.

홀스타인

기본 데이터
- 분류: 소목 솟과
- 무게: 600~700kg
- 몸높이: 140~150cm
- 주요 서식지: 세계 각지

정답은! 풀에서 많은 영양분을 흡수하기 위해서

초식 동물인 소는 옥수수 등으로 만든 사료나 목초를 먹어요. 네 개의 위에 살고 있는 미생물의 힘을 빌려 소화하기 어려운 풀을 반복 분해하여 많은 영양분을 흡수한답니다. 홀스타인은 우리가 알고 있는 얼룩무늬 젖소예요.

저지

홀스타인에 비해 몸집이 작고, 대부분 털이 갈색을 띠고 있어요. 우유 속에 단백질과 지방 함량이 높아 치즈나 버터 등 유가공품 생산에 적합하지요.

물소

소 중에서도 특히 몸집이 큰 물소는 길이 1.5미터에 달하는 뿔을 가지고 있어요. 이름처럼 주로 물에서 지내는데, 커다란 강 근처나 늪에서 무리 지어 살아요.

누

주로 아프리카의 초원에서 살아요. 풀을 찾아서 수만 마리가 무리 지어 1600킬로미터가 넘는 거리를 이동하지요. 발이 빨라서 시속 80킬로미터까지 달릴 수 있답니다.

기본 데이터
- 분류: 소목 솟과
- 무게: 700~1,200kg
- 몸높이: 150~190cm
- 주요 서식지: 아시아

양과 친구들

궁금해? 양털은 왜 부드러울까?

체비엇

마인크래프트에서 양은 고기뿐 아니라 침대를 만드는 데 필요한 재료를 얻을 수 있어서 무척 유용해요. 염료를 이용해 양털을 염색할 수도 있어요.

기본 데이터
- 분류: 소목 솟과
- 무게: 45~95kg
- 몸높이: 약 120cm
- 주요 서식지: 영국

메리노

정답은! 추위를 견디기 위해

양은 무리 지어 생활하는 초식 동물로, 부드러운 털과 털 사이의 체온으로 데워진 공기를 이용해 추위를 견뎌요. 체비엇의 털은 부드럽고 탄력이 있어 고품질 양모 제품에 쓰인답니다.

메리노 수컷은 나사 모양으로 꼬인 뿔이 있지만, 암컷은 뿔이 없어요. 최고급 품질을 자랑하는 메리노 양털은 매끈하고 부드러우면서도 보온성이 뛰어나서 고급 의류 옷감에 쓰여요.

코리데일

기본 데이터
- 분류: 소목 솟과
- 무게: 60~110kg
- 몸높이: 70~90cm
- 주요 서식지: 뉴질랜드

코리데일은 메리노를 개량하여 만든 품종이에요. 얼굴에 털이 없고, 수컷과 암컷 모두 뿔이 없는 것이 특징이지요. 털과 고기를 모두 사용하며, 우리나라에서도 많이 사육해요.

염소와 친구들

궁금해? 염소는 정말로 종이를 먹을까?

마인크래프트 산악 생물 군계에서 염소를 찾아볼 수 있어요. 밀을 이용해 유인하거나 번식시킬 수 있지만, 고기나 가죽은 얻을 수 없어요. 블록에 부딪히면 염소 뿔을 떨어뜨리지만, 조건이 매우 까다롭답니다.

자넨

기본 데이터
- 분류: 소목 솟과
- 무게: 60~70kg
- 몸높이: 60~75cm
- 주요 서식지: 스위스 자넨 지방

정답은! 염소는 종이를 먹는다!

염소의 위에는 목재를 분해시키는 능력이 있어서 종이도 소화시킬 수 있지요. 하지만 종이에는 여러 물질이 첨가되어 있으므로 염소에게 종이를 주지 않는 것이 좋아요. 주로 젖을 얻기 위해 사육하는 자넨의 젖은 우유와는 다른 독특한 맛과 향이 나지만, 영양만큼은 풍부하답니다.

앙고라염소

튀르키예 출신의 품종이에요. 앙고라염소에서 채취한 털은 '모헤어'라고 부르는데, 내구성이 뛰어나고 광택이 있는 것이 특징이에요.

캐시미어

기본 데이터
- 분류: 소목 솟과
- 무게: 25~28kg
- 몸높이: 48~55cm
- 주요 서식지: 유라시아 대륙 중앙부

인도의 카슈미르 지방에 서식하는 염소로, 아름다운 캐시미어 털을 생산하는 것으로 유명해요. 캐시미어의 털은 울보다 보온성이 높고 감촉이 부드러워서 고급품으로 취급되고 있어요.

흑염소

기본 데이터
- 분류: 소목 솟과
- 무게: 30~40kg
- 몸높이: 50~60cm
- 주요 서식지: 한국

우리나라의 재래 토종 염소예요. 무게가 30~40킬로그램 정도로 다른 염소에 비해 몸집이 작고, 성질도 온순해서 기르기가 쉬워요. 고기 맛이 좋고 영양이 풍부해서 요리해서 먹거나 약으로 쓰여요.

토끼와 친구들

궁금해? 토끼의 귀는 왜 길까?

마인크래프트에서는 타이가, 사막 등에서 토끼를 볼 수 있어요. 쓰러뜨리면 고기나 토끼 가죽을 얻을 수 있는데, 드물게 토끼발 같은 재료도 떨어뜨려요. 당근을 가장 좋아한답니다.

네덜란드드워프

기본 데이터
- 분류: 토끼목 토낏과
- 무게: 약 0.5~1.6kg
- 몸높이: 30~50cm
- 주요 서식지: 네덜란드 등지

정답은! 작은 소리도 놓치지 않고 듣기 위해

기다란 귀와 깡충깡충 뛰는 모습이 특징인 토끼는 주로 밤에 활동하는 야행성이에요. 초식 동물로 포식자가 다가오는 작은 소리도 놓치지 않기 위해 귀가 길어졌어요. 또 긴 귀는 몸의 열을 발산하는 기능도 해요. 네덜란드드워프는 다른 토끼보다 짧은 귀를 갖고 있어요.

멧토끼

대대로 한반도에서 서식해 온 야생 토끼예요. 나지막한 산에서 주로 살며 집토끼와 달리 굴을 파지 않고, 덤불이나 나무 밑 등을 은신처로 이용해요. 과도한 사냥과 서식지 감소로 현재 멸종 위기 등급 관심 대상으로 지정되어 있어요.

굴토끼

기본 데이터
- 분류: 토끼목 토낏과
- 무게: 약 1.5~3kg
- 몸높이: 35~50cm
- 주요 서식지: 유럽 남서부, 북아프리카

땅굴을 파서 생활하는 습성 때문에 '굴토끼'라는 이름이 붙었어요. 예전에는 털가죽이나 고기를 얻기 위해 가축으로 길렀지만, 최근에는 반려동물로 키우는 경우가 더 많아요.

멧돼지와 친구들

궁금해 ❓ 멧돼지와 돼지는 어떻게 다를까?

정답은 ❗ 돼지는 멧돼지를 가축화한 동물이야!

멧돼지와 돼지는 생물학적으로 같은 동물이지만, 돼지는 멧돼지보다 새끼를 많이 낳고 고기를 많이 얻을 수 있도록 개량된 품종이에요. 멧돼지는 무리를 지어 생활하고, 잡식성인 데다 깔끔한 성격이어서 인간이 길들이기 쉬웠답니다. 우리나라에는 멧돼지 중 가장 몸집이 큰 우수리멧돼지가 살아요.

멧돼지

기본 데이터
- 분류: 소목 멧돼짓과
- 무게: 50~200kg
- 몸높이: 55~110cm
- 주요 서식지: 아프리카 북부, 유럽, 아시아

덤불멧돼지

붉은색이 감도는 밝은 갈색의 털과 나뭇잎 모양의 귀에 흑백의 술이 특징이에요. 아프리카 열대 우림에 서식하는데, 열대 우림이 아닌 곳에서는 거의 찾아볼 수 없어요.

혹멧돼지

아프리카 대륙 사하라 사막의 남쪽에 서식하고 있어요. 뺨 부근에 혹이 나 있어서 혹멧돼지라고 불러요.

목도리페커리

멧돼지와 생김새가 많이 닮은 목도리페커리는 중남미에 서식해요. 몸은 전체적으로 어두운 색깔인데, 목 부분에 하얀 띠를 두른 듯한 무늬가 있어서 목도리페커리라는 이름이 붙여졌어요. 멧돼지에 비해 몸집이 아주 작아요.

기본 데이터
- 분류: 소목 페커리과
- 무게: 20~30kg
- 몸높이: 44~50cm
- 주요 서식지: 중남미

돼지와 친구들

궁금해? 돼지는 의외로 깔끔한 성격이다?

마인크래프트에서 돼지는 초원 등지에 서식해요. 쓰러뜨리면 고기를 떨어뜨리는데, 그것 말고는 아무것도 얻을 수 없어서 다른 가축보다는 활용도가 떨어져요. 당근으로 유인하거나 번식시킬 수 있어요.

기본 데이터
- 분류: 소목 멧돼짓과
- 무게: 200~340kg
- 몸높이: 80~120cm
- 주요 서식지: 영국

요크셔

정답은! 화장실 위치를 꼭 정해서 사용한다고!

돼지라고 하면 흔히 게으르고 지저분한 이미지를 떠올려요. 하지만 사실 돼지는 깔끔한 성격이어서 화장실 위치를 정해 놓고, 그 옆에서는 절대 자지 않아요. 또 목욕도 자주 한답니다. 요크셔는 영국이 원산인 품종이에요.

이베리코 돼지

에스파냐 원산 품종으로, 회갈색 털가죽이 특징이에요. 자연 속의 도토리를 먹고 자라서 고기의 풍미가 훌륭한 편이에요.

랜드레이스

기본 데이터
- 분류: 소목 멧돼짓과
- 무게: 200~330kg
- 몸높이: 70~100cm
- 주요 서식지: 세계 각지

덴마크가 원산인 품종이에요. 옅은 분홍색 털가죽과 처진 귀가 특징이지요. 번식력이 매우 뛰어나서 시장에 저렴하게 유통되는 덕분에 우리가 흔히 먹는 품종이랍니다.

사진 출처: Zeilog (Creative Commons License)

말과 친구들

궁금해? 말은 달리면서 뒤를 볼 수 있다?

서러브레드

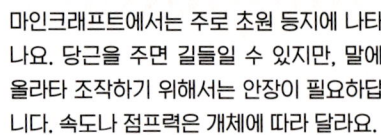

마인크래프트에서는 주로 초원 등지에 나타나요. 당근을 주면 길들일 수 있지만, 말에 올라타 조작하기 위해서는 안장이 필요하답니다. 속도나 점프력은 개체에 따라 달라요.

기본 데이터
- 분류: 말목 말과
- 무게: 450~500kg
- 몸높이: 157~173cm
- 주요 서식지: 세계 각지

정답은! 머리 바로 뒤쪽을 뺀 대부분을 볼 수 있어!

말은 시야가 약 350도로 매우 넓어서 앞을 보고 있어도 뒤에서 어떤 일이 일어나는지 대부분 알 수 있답니다. 대신 시력은 좋지 않다고 해요. 서러브레드는 달리기가 매우 빨라 경마용으로 많이 쓰여요.

당나귀

아프리카야생당나귀를 가축화한 동물이에요. 말과 동물 중에서는 작은 체형에 속하며, 얇은 다리와 긴 귀가 특징이랍니다. 말보다 달리는 속도가 느려요. 혹독한 환경에서도 잘 버틸 만큼 강인해서, 예로부터 짐 운반이나 농사일을 위해 사육되었어요.

노새

기본 데이터
- 분류: 말목 말과
- 몸높이: 약 100cm
- 주요 서식지: 세계 각지

수탕나귀와 암말 사이에서 태어난 품종이에요. 당나귀와 말의 좋은 부분만을 지닌 품종으로, 당나귀의 인내심과 말의 강인한 다리 힘을 모두 가지고 있지요. 단, 생식 능력이 없어서 자연적으로는 번식할 수 없어요.

얼룩말과 친구들

궁금해❓ 얼룩말의 줄무늬는 왜 생겼을까?

산얼룩말

기본 데이터
- 분류: 말목 말과
- 무게: 240~390kg
- 몸높이: 120~150cm
- 주요 서식지: 남아프리카 공화국

채프먼얼룩말

초원이나 사바나에서 누와 같은 동물들과 무리를 지어 생활하지요. 줄무늬와 줄무늬 사이에 옅은 갈색 줄무늬가 있는 것이 특징이랍니다.

정답은❗ 동료 얼룩말을 쉽게 찾기 위해서

얼룩말은 육식 동물로부터 자신을 보호하기 위해 무리 지어 생활하는데, 동료들을 쉽게 찾기 위해 얼룩무늬가 생겼다고 해요. 또 얼룩무늬 덕에 흡혈성 곤충에게 잘 물리지 않는다는 추측도 있지요. 산얼룩말은 이름처럼 산악 또는 고원 지대에 살아요.

그레비얼룩말

얼룩말 중에서 몸집이 가장 커요. 다른 얼룩말보다 줄무늬가 가늘고 촘촘하며 색이 선명하지요. 1882년 에티오피아의 국왕이 프랑스 대통령 J. 그레비에게 이 말을 선물한 것에서 이름이 유래했어요. 무분별한 포획과 환경 파괴로 멸종 위기에 처해 있어요.

기본 데이터
- 분류: 말목 말과
- 무게: 350~450kg
- 몸높이: 140~160cm
- 주요 서식지: 에티오피아 남부, 케냐 북부

버첼얼룩말

아프리카 초원과 사바나에 서식하는 사바나얼룩말의 친구예요. 얼룩말 중 유일하게 고기용으로 사육할 수 있는 종이에요.

라마와 친구들

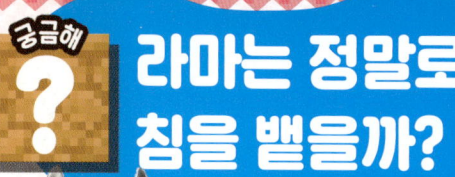

궁금해? 라마는 정말로 침을 뱉을까?

라마는 마인크래프트에서 길들일 수 있는 중립적인 몹으로, 사바나 등에 살아요. 상자를 부착할 수 있어서 아이템을 옮기는 데 유용해요. 또 양탄자를 장착하여 겉모습을 예쁘게 꾸밀 수도 있어요.

라마

기본 데이터
- 분류: 소목 낙타과
- 무게: 130~160kg
- 몸높이: 90~130cm
- 주요 서식지: 남미 안데스

정답은! 라마가 뱉는 것은 침이 아닌 위액이야!

라마는 남미에 주로 서식하는 초식 동물이에요. 서늘한 기후에 적합한 길고 부드러운 털을 지니고 있지요. '아프리카 낙타'라고 불리기도 하는데, 낙타와는 다르게 등에 혹이 달려 있지 않답니다. 성격은 온순하지만, 위협을 느끼면 상대방에게 위액을 뱉어 "더 이상 다가오지 마!"라고 경고를 해요.

단봉낙타

등에 커다란 혹이 하나 있는 초식 동물이에요. 오래전부터 가축화되어 짐이나 사람을 운반하는 용도 말고도 고기, 우유를 얻기 위해 폭넓게 쓰였어요. 주로 사막에서 교통수단으로 이용한답니다.

알파카

기본 데이터
- 분류: 소목 낙타과
- 무게: 55~65kg
- 몸높이: 80~100cm
- 주요 서식지: 남미 안데스

남미 페루, 볼리비아의 안데스 산악 지대에 많이 사는 초식 동물이에요. 라마와 비슷하게 생겼지만, 크기가 조금 작고 털이 더 많아요. 알파카의 털은 부드럽고 무척 따뜻한 데다가 보풀도 잘 생기지 않아서 인기가 높답니다.

쌍봉낙타

등에 두 개의 혹이 있는 낙타예요. 단봉낙타와 마찬가지로 혹 속에 저장된 지방을 영양분으로 사용할 수 있어서 무더운 사막에서 오랫동안 먹이를 먹지 않고도 살 수 있답니다.

고양이와 친구들

 **궁금해** 고양이는 응석을 부릴 때 어떤 행동을 할까?

마인크래프트 속 고양이는 열한 종이 있어요. 생선을 주면 길들일 수 있는데, 경계심이 강하고 날렵하기 때문에 천천히 다가가야 해요. 고양이로 크리퍼와 팬텀을 쫓아낼 수 있어 무척 유용하답니다.

재패니즈밥테일

기본 데이터
- 분류: 식육목 고양잇과
- 무게: 3~5kg
- 몸높이: 25~30cm
- 주요 서식지: 일본

 **정답은** 꼬리를 세우고 다가와

고양이는 전 세계에서 반려동물로 사랑받는 동물이에요. 꼬리로 감정을 표현하는데, 응석을 부릴 때에는 일자로 곧게 세우고 다가오지요. 재패니즈밥테일은 방울처럼 생긴 짧고 동그란 꼬리가 특징이에요. 일본에서는 행운을 가져다주는 고양이로 알려져 있답니다.

페르시아고양이

이란이 원산인 품종이에요. 길고 풍성한 털과 짧은 다리가 특징이지요. 성격이 온순해서 기르기 쉽지만, 털이 잘 뭉쳐 고양이 스스로 관리하기가 어렵기 때문에 양육자가 매일 시간을 내어 빗질해 주어야 해요.

벵갈고양이

기본 데이터
- 분류: 식육목 고양잇과
- 무게: 3~7kg
- 몸높이: 23~30cm
- 주요 서식지: 세계 각지

표범 같은 무늬가 특징인 고양이에요. 원산지는 미국으로, 야생 살쾡이와 집고양이를 교배시켜 만든 품종이지요. 야생적인 외모인데 반해 사람에게 친근하고 애교가 많은 성격이라 인기가 높답니다.

살쾡이와 친구들

궁금해? 살쾡이가 고양이와 다른 점은?

마인크래프트 정글에서는 살쾡이와 비슷한 오실롯을 만날 수 있어요. 원래는 익히지 않은 생선을 주면 오실롯도 길들일 수 있었지만, 업데이트되면서 반려동물로 길들일 수 없게 바뀌었어요.

벵골삵

기본 데이터
- 분류: 식육목 고양잇과
- 무게: 2~7kg
- 몸길이: 45~80cm
- 주요 서식지: 중국, 인도, 히말라야, 동남아시아

이리오모테삵

사진 출처: Purplepumpkins (Creative Commons License)

정답은! 야생 살쾡이는 사람이 길들일 수 없어!

살쾡이는 '삵'이라고도 해요. 삵은 인도 남부와 동남아시아를 중심으로 서식하는 야생종이에요. 표범 같은 무늬를 가지고 있으며, 몸집은 집고양이와 크게 차이 나지 않는 것부터 몸길이가 80센티미터나 되는 커다란 개체까지 매우 다양해요.

일본 오키나와의 남서쪽에 있는 이리오모테섬에서만 서식하는 삵이에요. 제한된 서식지와 개발 때문에 심각한 멸종 위기에 처해 현재 서식 중인 개체 수가 100마리 정도로 아주 적어요. 고양이보다 꼬리가 굵고 짧은 특징이 있으며, 경계심이 높고 공격적이에요.

쓰시마삵

기본 데이터
- 분류: 식육목 고양잇과
- 무게: 3~5kg
- 몸길이: 50~60cm
- 주요 서식지: 일본 쓰시마섬

일본 나가사키현의 쓰시마섬에 서식해서 이러한 이름이 붙었어요. 일본 희소 야생 동식물종으로 지정되어 보호 사업을 실시하고 있어요. 일본에 사는 야생 삵은 이리오모테삵과 쓰시마삵뿐이랍니다.

고기잡이삵

인도 서벵골, 스리랑카 등에 서식해요. 주로 물고기를 먹어서 '고기잡이'라는 이름이 붙었지요. 수면을 앞발로 쳐서 물고기를 유인하여 사냥한답니다.

사자와 친구들

궁금해? 왜 수컷 사자에게만 갈기가 있을까?

아프리카사자

암컷

수컷

기본 데이터
- 분류: 식육목 고양잇과
- 무게: 120~250kg
- 몸길이: 140~300cm
- 주요 서식지: 아프리카

정답은! 멋진 갈기로 암컷을 유혹하기 위해

풍성한 사자의 갈기는 수컷만 자라요. 갈기는 몸집을 커 보이게 하여 암컷 사자를 유혹하거나 적을 위협하고, 또 급소인 목을 보호하지요. 사자는 낮에는 휴식을 취하고, 해가 저문 후 사냥을 나가는데, 사냥은 암컷이 한답니다. 아프리카사자는 사하라 사막 이남 아프리카에 살아요.

백사자

하얀색 털의 변종 사자로, 아주 드물게 태어나는 종이지요. 아프리카에서는 '신의 심부름꾼'으로 불려요. 백사자는 전 세계에 300마리 정도밖에 남지 않은 희귀한 동물이에요.

아시아사자

기본 데이터
- 분류: 식육목 고양잇과
- 무게: 120~250kg
- 몸길이: 140~195cm
- 주요 서식지: 인도

인도에 서식하는 사자예요. 아프리카사자에 비해 몸집이 작고 몸 색깔이 옅은 것이 특징이에요. 개체 수가 눈에 띄게 줄어서 현재는 보호 구역에 500마리 정도만이 남아 있다고 해요.

호랑이와 친구들

호랑이는 왜 줄무늬가 있을까?

시베리아호랑이

기본 데이터
- 분류: 식육목 고양잇과
- 무게: 100~300kg
- 몸길이: 240~330cm
- 주요 서식지: 동남아시아

정답은 풀숲과 어우러져 먹잇감에게 들키지 않아!

호랑이는 먹잇감을 사냥할 때 풀숲에 숨는데, 몸의 털이 풀숲과 어우러져 들키지 않게 줄무늬로 변한 것이라고 해요. 호랑이 중 가장 몸집이 큰 시베리아호랑이는 러시아 아무르 지방에 살아요. 예전에 우리나라에 살았던 호랑이도 시베리아호랑이였다고 해요. 현재 전 세계에 500마리 정도 남아 있답니다.

벵골호랑이

기본 데이터
- 분류: 식육목 고양잇과
- 무게: 100~230kg
- 몸길이: 180~300cm
- 주요 서식지: 남아시아

인도 주변에 분포해요. 인도와 방글라데시에서는 국가를 대표하는 동물로 선정되었을 정도로 상징적인 존재지요. 시베리아호랑이와 비교하면 털이 짧은 것이 특징이에요. 인도 정부의 보호 정책 노력으로 현재 호랑이 중 가장 많은 3,000여 마리 정도 남아 있지요.

백호

하얀 털의 호랑이로, 벵골호랑이의 변종이에요. 하얀색 털은 눈에 잘 띄어서 먹이 사냥에 매우 불리하지요. 야생에서는 찾아볼 수 없고, 사육되고 있어요.

표범과 친구들

궁금해? 표범의 무늬를 구분하는 방법은?

아무르표범

기본 데이터
- 분류: 식육목 고양잇과
- 무게: 35~70kg
- 몸길이: 100~140cm
- 주요 서식지: 동북아시아

정답은! 표범의 무늬는 매화꽃처럼 생겼어!

호랑이, 사자와 같은 고양잇과의 육식 동물이에요. 러시아나 중국의 일부 지역에 서식하는데, 털가죽을 얻기 위한 무분별한 포획 때문에 개체 수가 줄고 있어요. 몸통에 매화꽃 모양의 무늬가 있는 것이 특징이에요.

페르시아표범

서아시아 부근에 사는 표범으로, 표범 중에서 가장 몸집이 크며 털도 길지요. 다른 표범과 마찬가지로 혼자서 사냥에 나서요.

구름표범

'운표'라고도 불러요. 몸의 무늬가 크고 구름 같아 보여서 구름표범이라는 이름이 붙었답니다. 다른 표범과 비교하면 몸집이 작고 몸통이 길며 다리가 짧다는 특징이 있어요.

기본 데이터
- 분류: 식육목 고양잇과
- 무게: 15~25kg
- 몸길이: 60~110cm
- 주요 서식지: 동남아시아, 중국 남부

그 밖의 대형 고양잇과 친구들

궁금해? 스라소니와 삵의 차이는?

스라소니

기본 데이터
- 분류: 식육목 고양잇과
- 무게: 약 5~40kg
- 몸길이: 약 60~130cm
- 주요 서식지: 북반구

정답은! 스라소니의 몸집이 더 커!

유럽과 아시아에 분포하는 스라소니는 삵보다 크고, 사자보다 작아요. '링크스'라고도 불리는데, 그리스어로 '빛'을 의미한답니다. 삼각형 모양의 귀 끝부분에 긴 털이 나 있는 것이 특징이에요.

재규어

재규어는 남미나 멕시코에 서식하는 고양잇과의 대형 육식 동물이에요. 표범보다 몸집이 크지만, 꼬리는 짧아요. 재규어의 몸통 무늬는 표범과 비슷한데, 꽃무늬 중앙에 검은 반점이 있는 것이 다르지요.

치타

기본 데이터
- 분류: 식육목 고양잇과
- 무게: 20~70kg
- 몸길이: 110~150cm
- 주요 서식지: 아프리카, 서아시아

지구상에서 가장 빠른 달리기 실력을 자랑하는 동물이에요. 아프리카와 이란 등지에 주로 살지요. 먹잇감을 발견하면 빠른 속력을 내어 한순간에 내달려요. 표범과 달리 치타는 검은색 점으로 된 몸통 무늬가 있고 얼굴에 눈물선이 있어요.

하이에나와 친구들

궁금해? 하이에나가 썩은 고기를 먹어도 멀쩡한 이유는?

점박이하이에나

기본 데이터
- 분류: 식육목 하이에나과
- 무게: 40~80kg
- 몸길이: 100~180cm
- 주요 서식지: 아프리카

정답은! **튼튼한 위를 가지고 있어서**

하이에나가 썩은 고기를 먹어도 병에 걸리지 않는 이유는 위에서 매우 강한 위산이 분비되어 세균과 독성 물질을 제거하기 때문이에요. 하이에나는 썩은 고기나 다른 동물이 먹다 남긴 고기를 먹는 것으로 알려져 있지만, 사실 사냥 실력이 뛰어나요. 강한 턱으로 동물의 뼈까지 남김없이 먹어 치워서 '초원의 청소부'로 불리지요.

아드울프

아프리카에 주로 살며, '땅늑대'라고도 불려요. 하이에나과 중에서 가장 몸집이 작고, 땅에 구멍을 파고 사는 특징이 있지요. 야행성이라 낮에는 땅굴에서 잠을 자고 밤에 주로 곤충과 흰개미를 먹고 살아요.

줄무늬하이에나

중동과 아프리카에 살아요. 밝은 회색 털에 등에 검은 줄무늬가 있는 것이 특징이에요. 위험을 감지하면 털을 세워 상대를 위협하지요. 레바논에서는 나라를 상징하는 동물로 여겨진답니다.

기본 데이터
- 분류: 식육목 하이에나과
- 무게: 25~55kg
- 몸길이: 100~120cm
- 주요 서식지: 북아프리카, 아라비아 반도, 중동, 인도

갈색하이에나

아프리카에 서식해요. 어두운 갈색의 덥수룩한 긴 털이 특징이에요. 동물뿐 아니라 곤충, 알, 과일도 먹는답니다.

늑대와 친구들

궁금해? 늑대는 왜 울음소리를 낼까?

마인크래프트 산림 생물 군계에 사는 하얀 늑대예요. 뼈다귀를 주면 늑대를 길들일 수 있어요. 일단 친해지면 전투에도 함께 나서 주는 아주 든든한 존재예요.

북극늑대

기본 데이터
- 분류: 식육목 갯과
- 무게: 45~80kg
- 몸길이: 약 100cm
- 주요 서식지: 캐나다 북부, 알래스카

정답은! 울음소리로 의사소통을 하기 때문에

늑대는 울음소리로 자신의 영역을 주장하거나, 무리 내의 동료와 의사소통을 한답니다. 북극늑대는 캐나다 북부, 알래스카, 그린란드 북부 등에 사는 늑대로, 몸이 새하얀 털로 뒤덮인 것이 특징이에요.

시베리아 부근에 서식하는 늑대로, '시베리아늑대'라고 불리기도 해요. 늑대 중에서도 몸집이 큰 편이에요. 다섯 마리에서 스무 마리 정도씩 무리를 지어 생활하고, 쥐와 같은 작은 동물부터 사슴 같은 대형 동물까지 두루 잡아먹지요.

일본늑대

일본 고유종 늑대예요. 과거에는 일본에 서식했지만, 20세기 초에 멸종된 것으로 알려져 있어요. 다른 늑대에 비해 몸집이 작고, 여름과 겨울에는 털색이 바뀌었다고 해요. 위의 그림은 1881년경에 그려진 일본늑대의 모습이에요.

툰드라늑대

기본 데이터
- 분류: 식육목 갯과
- 무게: 35~50kg
- 몸길이: 112~137cm
- 주요 서식지: 러시아, 스칸디나비아반도

개와 친구들

궁금해? 개가 경찰견으로 활용되는 이유는 뭘까?

독일셰퍼드

기본 데이터
- 분류: 식육목 갯과
- 무게: 20~40kg
- 몸길이: 55~70cm
- 주요 서식지: 세계 각지

토이푸들

푸들이라는 유럽의 견종을 보다 작게 만들기 위해 교배하여 개발한 견종이에요. 귀여운 외모 덕분에 반려동물로 인기가 높답니다.

정답은! 후각이 인간의 몇 천 배 이상 발달되어 있어서

개는 냄새를 감지하는 후상피가 넓고 후각 세포 수가 많아서 후각이 매우 뛰어나요. 따라서 경찰 수사에 도움을 주는 경찰견으로도 활용되고 있어요. 충성심이 강한 독일셰퍼드는 경찰견 말고도 다양한 작업견으로 훈련받는답니다.

프렌치불도그

불도그와 퍼그, 테리어 같은 소형견을 교배시켜 만든 견종이에요. 찌부러진 듯 보이는 귀여운 생김새가 특징이에요.

시베리아허스키

미국이 원산으로 흰색, 검은색 털이 섞인 견종이 가장 많으며, 파란색과 회색을 띤 옅은 눈동자가 특징이에요. 생김새가 늠름하여 각종 도우미로 활동하거나 설원에서 썰매를 끄는 등 세계 각지에서 인간의 든든한 파트너로서 활약하고 있답니다.

기본 데이터
- 분류: 식육목 갯과
- 무게: 16~28kg
- 몸높이: 50~60cm
- 주요 서식지: 세계 각지

여우와 친구들

궁금해? 여우의 꼬리는 왜 풍성할까?

마인크래프트에서 타이가 생물 군계에 살고 있어요. 길들일 수는 없지만, 끈으로 묶어 데려가서 달콤한 열매로 번식시킬 수 있어요. 눈 덮인 타이가에서는 하얀 여우가 된답니다.

북방여우

기본 데이터
- 분류: 식육목 갯과
- 무게: 3~10kg
- 몸길이: 60~80cm
- 주요 서식지: 일본 홋카이도

정답은! 추위로부터 몸을 보호하기 위해

노란빛을 띤 옅은 갈색 털과 풍성한 꼬리가 특징인 여우는 주로 추운 지역에 살기 때문에 털이 풍성한 꼬리로 몸을 감싸서 체온을 유지한답니다. 북방여우는 일본 홋카이도 지역에 사는 여우예요.

북극여우

북극권에 서식하고 있는 여우예요. 눈 덮인 지역에 살고 있기에 털색도 눈처럼 새하얗답니다. 추위에 무척 강해서 영하 70도의 환경에서도 살아남을 수 있어요.

붉은여우

기본 데이터
- 분류: 식육목 갯과
- 무게: 5~10kg
- 몸길이: 50~90cm
- 주요 서식지: 북반구 삼림 지대

여우 중에서 가장 개체 수가 많은 종이에요. 이름대로 붉은색이 감도는 갈색 털이 특징이랍니다. 붉은여우 종류에 속하는 한국여우는 한때 멸종했으나, 지금은 복원 사업으로 여우들의 개체 수를 늘리려 노력하고 있어요.

판다와 친구들

궁금해? 판다의 털은 왜 검은색과 흰색으로만 되어 있을까?

마인크래프트 속 판다는 대나무 정글에 서식해요. 잘 들여다보면 일곱 가지의 얼굴을 하고 있는데, 이에 따라 성격도 달라요. 그중에는 갈색 털의 희귀 판다도 있지요. 아기 판다는 가끔 재채기를 하는데, 이때 슬라임 볼을 떨어뜨리기도 해요.

대왕판다

기본 데이터
- 분류: 식육목 곰과
- 무게: 70~130kg
- 몸길이: 120~150cm
- 주요 서식지: 중국 중부

정답은! 눈 속에 몸을 숨기기 위해서

대왕판다는 흰색과 검은색 털이 특징인 곰과 동물로, 세계에서 가장 희귀한 3대 동물로 알려져 있어요. 중국 쓰촨성 산악 지대 등지와 같은 한정된 지역에만 서식하는데, 이러한 산악 지대는 눈이 잘 쌓이기에 눈과 잘 어우러지도록 털이 하얘졌다는 이야기도 있답니다.

라쿤

판다가 곰과인지 아메리카너구릿과인지에 대해 계속 논의되어 왔는데, DNA 조사를 통해 현재 곰과가 되었어요. 라쿤은 멕시코와 북미, 캐나다 등지가 원산으로, '아메리카너구리'라고도 불러요. 고기뿐만 아니라 농작물도 먹어 치우기 때문에 해로운 동물로 취급되기도 해요. 외모는 자그맣고 귀엽지만, 식욕이 왕성하고 성격이 난폭하답니다.

레서판다

기본 데이터
- 분류: 식육목 레서판다과
- 무게: 3~6kg
- 몸길이: 50~65cm
- 주요 서식지: 히말라야, 중국 남부

레서란 '작다'라는 의미예요. 그 이름대로 판다에 비해 몸집이 아주 작고, 복슬복슬한 갈색 털을 몸에 두르고 있지요. 외모는 판다와 비슷하지 않지만, 대나무나 조릿대를 먹는다는 공통점이 있답니다.

곰과 친구들

궁금해? 곰은 부모와 자식이 함께 행동한다?

마인크래프트에서 북극곰은 눈 덮인 생물 군계에 나타나요. 주로 부모와 새끼 곰이 같이 움직이는데, 새끼 곰이 있는 경우에는 플레이어가 다가가기만 해도 공격하니 조심해야 해요.

북극곰

기본 데이터
- 분류: 식육목 곰과
- 무게: 170~800kg
- 몸길이: 200~300cm
- 주요 서식지: 북극권

정답은! 새끼 곰이 어미를 졸졸 따라다녀!

주로 북극권 근처에 서식하며, 새하얀 털 때문에 '백곰'이라고 불리기도 해요. 북극곰은 무리를 짓지 않고 단독으로 움직이는데, 보통 어린 새끼 곰은 어미를 따라다닌답니다.

아메리카흑곰

북미와 멕시코에 서식하는 곰이에요. 큰곰을 피하는 습성이 있으며, 주로 삼림에서 생활해요. 털 색깔은 검은색이나 갈색으로, 큰곰과 비교하면 몸집이 작은 편이에요.

큰곰

유라시아 대륙에서부터 북미에 걸쳐 폭넓게 서식하고 있는 곰이에요. 몸집이 무척 거대한데, 곰과 중에서도 월등한 크기를 자랑한답니다. 기본적으로는 잡식성이지만, 다른 종에 비해 육식을 좋아하는 편이에요.

아시아흑곰

기본 데이터
- 분류: 식육목 곰과
- 무게: 40~150kg
- 몸길이: 100~150cm
- 주요 서식지: 아시아

서아시아에서 동아시아에 걸쳐 널리 분포해 있는 곰이에요. 털은 전체적으로 까만색인데, 가슴 부근에 하얀 초승달 모양의 무늬가 있어 '반달가슴곰'이라고도 해요. 곰 중에서는 몸집이 작은 편에 속해요.

족제비와 친구들

궁금해? 족제비는 성격이 난폭하다고?

족제비

기본 데이터
- 분류: 식육목 족제빗과
- 무게: 290~650g(수컷), 115~175g(암컷)
- 몸길이: 27~37cm
- 주요 서식지: 한국, 일본, 중국 동북부 등지

정답은! ## 야생 족제비는 성격이 난폭해

족제비는 기다랗고 자그마한 몸에 귀여운 얼굴을 하고 있지만, 성격이 난폭하고 공격적이랍니다. 농작물을 파헤치거나 닭장 등에 침입하여 닭을 죽이기도 해서 해로운 동물로 취급되기도 해요. 위험을 느끼면 스컹크처럼 지독한 냄새를 뿜는답니다.

북방족제비

북방족제비는 세계 각지에 살지만, 개체 수가 적고 고산 지대에 살기 때문에 흔히 볼 수 없어요. 여름에는 몸의 윗면이 짙은 갈색 털을 띠는데, 겨울에는 꼬리 끝만 빼고 온몸이 하얀색으로 변하지요. 귀여운 얼굴로 '숲의 요정'으로도 불리지만, 다른 족제비처럼 성격이 난폭하답니다.

기본 데이터
- 분류: 식육목 족제빗과
- 무게: 67~116g(수컷), 25~80g(암컷)
- 몸길이: 15~25cm
- 주요 서식지: 세계 각지

페럿

족제비를 가축화한 품종이에요. 털 색깔은 흰색과 갈색 등으로 이루어져 있어요. 야생 족제비에 비하면 성격이 순한 편이라서 유럽에서는 오래전부터 사육되어 왔어요. 최근 우리나라에서도 반려동물로 인기가 높아지고 있답니다.

큰수달

남미를 중심으로 하천이나 습지와 같은 곳에 살아요. 물가에서 어류나 갑각류를 잡아 먹지요. 부부와 자녀 한 가족이 무리를 지어 생활하는 경우가 많답니다.

몽구스와 친구들

궁금해? 몽구스는 뱀의 천적?

작은아시아몽구스

기본 데이터
- 분류: 식육목 몽구스과
- 무게: 350~650g
- 몸길이: 25~37cm
- 주요 서식지: 미얀마, 중국 남부, 인도 등

사진 출처: 일본 환경성 홈페이지

정답은! 몽구스는 코브라 퇴치용으로도 쓰여

인도나 동남아시아에 사는 몽구스는 주로 개구리, 뱀, 쥐 등의 소형 동물이나 곤충을 먹고 살아요. 재빠른 몸놀림과 순발력으로 코브라와 같은 독사도 순식간에 제압할 수 있어요. 인도에서는 몽구스를 코브라를 퇴치할 때 이용하기도 해요.

가로줄무늬몽구스

아프리카 사하라 사막 남쪽에 서식해요. 털 색깔은 회색에 가까운 갈색으로, 등에서부터 꼬리에 걸쳐 줄무늬가 있는 것이 특징이에요. 무리를 지어 행동하고 울음소리를 내어 의사소통을 한답니다.

기본 데이터
- 분류: 식육목 몽구스과
- 무게: 1~2.5kg
- 몸길이: 30~45cm
- 주요 서식지: 사하라 사막 이남

난쟁이몽구스

아시아와 아프리카 등지에 걸쳐 폭넓게 서식하고 있어요. 이름에서 알 수 있듯 몽구스 중에서 가장 작은 종으로, 다리가 짧은 것이 특징이랍니다.

쥐와 친구들

궁금해 ? 쥐의 꼬리는 왜 길까?

생쥐

기본 데이터
- 분류: 쥐목 쥣과
- 몸길이: 6~9cm
- 무게: 12~20g
- 주요 서식지: 세계 각지

노르웨이레밍

노르웨이나 스웨덴, 핀란드의 북유럽에 서식하는 소형 쥐예요. 여름에는 풀이나 이끼를, 겨울에는 땅속의 식물 뿌리나 나무껍질을 먹어요. 일정 이상 개체 수가 늘어나면 떼를 지어 이동하는 습성을 갖고 있어 '나그네쥐'라고도 불러요. 짧은 꼬리가 특징이랍니다.

정답은 ! 꼬리로 균형을 잡기 때문에

생쥐는 야행성으로, 주로 산지나 산림, 경작지 등에 서식해요. 구멍을 파서 생활하며 식물의 종자나 열매를 먹지요. 번식력이 뛰어나 1년에 네 번 정도 새끼를 낳는답니다. 쥐는 풀 속을 달릴 때 긴 꼬리를 휘감아서 균형을 잡으며 나아가요.

흰넓적다리붉은쥐

이름처럼 배와 뒷다리 부분까지 흰색으로 덮여 있어요. 풀밭이나 삼림 등에서 활동하는데, 낮에는 나무 구멍이나 돌 틈과 같은 곳에서 쉰답니다.

곰쥐

갈색의 털가죽에 꼬리가 길고 눈이 커요. 본래 삼림에서 생활하던 종이어서 높은 곳을 잘 오르내리지요. 최근에는 도시의 빌딩가에서도 종종 발견되고 있어요.

기본 데이터
- 분류: 쥐목 쥣과
- 몸길이: 15~24cm
- 무게: 150~200g
- 주요 서식지: 세계 각지

햄스터와 친구들

궁금해? 햄스터는 왜 해바라기씨를 좋아할까?

황금햄스터

기본 데이터
- 분류: 쥐목 비단털쥣과
- 무게: 100~200g
- 몸길이: 15~20cm
- 주요 서식지: 시리아 부근

정답은! 해바라기씨에 지방이 풍부하게 함유되어 있어서

황금햄스터는 시리아가 원산지로, '시리아비단털쥐'라고도 불려요. 이름처럼 황금색 털을 지닌 것이 특징이지요. 햄스터는 지방이 풍부한 음식을 좋아하는데, 이 때문에 해바라기씨를 즐겨 먹는답니다.

크림황금햄스터

황금햄스터는 원래 털색이 황금색 털이지만 크림, 시나몬, 그레이 등 여러 가지 털색으로 품종 개량했어요. 크림황금햄스터는 옅은 갈색의 털이 특징이지요.

중가리아햄스터

중국의 중가리아 분지에 서식해서 이러한 이름이 붙었어요. 시베리아에도 많이 분포해서 '시베리아햄스터'라고 불리기도 한답니다. 황금햄스터의 절반 정도의 크기로, 털색은 회색과 흰색, 갈색 등 다양해요.

캠벨햄스터

반려동물로 키우는 다른 햄스터에 비해 경계심이 강하고 성질이 난폭해 야생종에 가까워요. 중가리아햄스터와 비슷하게 생겼지만 몸집이 더 작아요.

기본 데이터
- 분류: 쥐목 비단털쥣과
- 무게: 30~45g
- 몸길이: 7~13cm
- 주요 서식지: 카자흐스탄 부근

고슴도치와 친구들

궁금해? 고슴도치의 몸에는 왜 가시가 돋아 있을까?

네발가락고슴도치

기본 데이터
- 분류: 고슴도치목 고슴도칫과
- 무게: 200~300g
- 몸길이: 14~21cm
- 주요 서식지: 아프리카

정답은! 적으로부터 몸을 보호하기 위해 발달한 가시

고슴도치는 등 전체가 약 5000개의 가시로 뒤덮여 있는 것이 특징이지요. 몸집이 작고 달리기도 느려서 외부의 적으로부터 몸을 보호하기 위해 몸의 털이 가시처럼 변한 것으로 알려져 있어요. 아프리카 중동부에 서식하는 네발가락고슴도치는 반려동물로 인기가 있는 종이랍니다.

유럽고슴도치

유럽 전 지역에 걸쳐 서식하는 고슴도치예요. 다른 고슴도치가 야생에서의 수명이 2년 정도인 것에 비해, 유럽고슴도치는 야생에서도 6년 이상 사는 장수 고슴도치랍니다. 새의 알을 먹어서 스코틀랜드에서는 해로운 동물로 여겨지고 있답니다.

기본 데이터
- 분류: 고슴도치목 고슴도칫과
- 무게: 400~1,100g
- 몸길이: 14~30cm
- 주요 서식지: 유럽, 러시아 북서부

긴귀고슴도치

기본 데이터
- 분류: 고슴도치목 고슴도칫과
- 무게: 250~400g
- 몸길이: 12~27cm
- 주요 서식지: 아프리카, 몽골, 인도 북서부

다른 고슴도치에 비해 귀가 커서 이러한 이름이 붙었어요. 커다란 귀는 열을 발산시켜 체온을 낮추는 역할을 하지요. 귀여운 외모와 달리 성격은 난폭하다고 해요.

다람쥐와 친구들

궁금해? 다람쥐의 꼬리는 왜 북실북실할까?

다람쥐

기본 데이터
- 분류: 쥐목 다람쥣과
- 무게: 70~120g
- 몸길이: 12~17cm
- 주요 서식지: 한국, 유라시아 대륙~동아시아

정답은! 움직일 때 균형을 잡기 위해서

다람쥐는 줄무늬가 있는 작은 몸과 북실북실한 꼬리가 특징이지요. 다람쥐의 꼬리는 나무를 오르거나 점프할 때 균형을 잡는 역할을 하기도 하고, 동료 다람쥐와 의사소통을 나눌 때 쓰이기도 해요. 우리나라에서 다람쥐는 전국 어디에서나 볼 수 있답니다.

붉은다람쥐

유라시아 대륙 북부에 널리 분포해 있어요. 나무 열매나 과일, 벌레 등을 먹고 살아요. 털 색깔은 거뭇거뭇한 색부터 붉은빛이 감도는 갈색까지 다양해요. 북쪽에 사는 개체일수록 색이 옅다고 해요.

북방하늘다람쥐

주로 일본 홋카이도 지역에 서식해요. 다람쥣과지만 네 다리를 벌리면 망토를 펼친 것처럼 활공할 수 있어요. 또 다른 다람쥐보다 눈이 훨씬 큰 것도 특징이에요.

청설모

기본 데이터
- 분류: 쥐목 다람쥣과
- 무게: 약 200~300g
- 몸길이: 15~20cm
- 주요 서식지: 한국

다람쥐보다 크기가 크고 등에 회갈색 털이 있어요. 겨울잠을 자는 다람쥐와 달리 청설모는 겨울잠을 자지 않아요. 다람쥐를 잡아먹는 외래종이라는 오해를 받지만, 한국 토종 동물이며 잣이나 도토리 등 견과류를 먹는답니다.

두더지와 친구들

궁금해? 두더지는 눈이 안 보인다는데 사실일까?

두더지

기본 데이터
- 분류: 땃쥐목 두더짓과
- 무게: 40~130g
- 몸길이: 12~18cm
- 주요 서식지: 한국, 중국, 일본

정답은! 두더지는 눈이 퇴화되어서 앞을 거의 볼 수 없어

두더지는 눈이 퇴화되어서 빛의 유무를 희미하게 알 수 있는 정도일 뿐, 앞을 거의 볼 수 없어요. 대신 청각과 후각이 매우 발달해 있답니다. 땅속의 거미나 지렁이, 애벌레 등을 먹고 살아요.

사진 출처: US National Parks Service

별코두더지

캐나다와 북미 지역에 서식해요. 두더짓과의 동물로 입 부근에 별 모양 돌기가 있는 것이 특징이에요. 이 돌기의 감각은 무척 예민해서 흙 속의 먹이, 즉 곤충이나 지렁이를 찾는 데 큰 역할을 한답니다.

기본 데이터
- 분류: 땃쥐목 두더짓과
- 무게: 40~85g
- 몸길이: 10~13cm
- 주요 서식지: 캐나다 동남부, 북미

코끼리와 친구들

궁금해? 코끼리 코는 원래부터 길었을까?

아프리카코끼리

기본 데이터
- 분류: 장비목 코끼릿과
- 무게: 2,400~7,500kg
- 몸길이: 600~750cm
- 주요 서식지: 아프리카

정답은! 코끼리의 조상은 코가 짧았어!

아프리카에 서식하는 코끼리예요. 지금까지 확인된 육지 동물 중에서 가장 큰 종이지요. 하지만 과거에는 몸집이 작았는데, 이들이 생활하는 장소가 삼림에서 초원으로 바뀌면서 몸집이 커지고 코도 길어졌답니다.

스리랑카코끼리

스리랑카 부근에 서식하는 아시아코끼리의 일종이에요. 아프리카코끼리보다 몸집은 작지만, 아시아코끼리 중에서는 큰 편에 속한답니다.

아시아코끼리

인도와 인도네시아 등지에 분포해요. 아프리카코끼리보다 몸집이 작고 귀도 작은 것이 특징이에요. 길들이기 쉬운 편이어서 서커스 등 묘기를 선보이기도 해요.

둥근귀코끼리

아시아코끼리보다 몸집이 작고 귀가 동그란 모양이어서 이런 이름이 붙었어요. 뾰족한 상아가 아래를 향해 쭉 뻗어 있어요.

기본 데이터
- 분류: 장비목 코끼릿과
- 무게: 2,000~5,400kg
- 몸길이: 500~640cm
- 주요 서식지: 인도, 인도네시아 등지

코뿔소와 친구들

궁금해 코뿔소의 뿔이 털이라고?

정답은 코뿔소의 뿔은 사람의 머리카락, 손톱과 비슷해

코뿔소의 멋진 뿔은 뼈가 아니라, 피부에서 끝없이 자라는 털이 뭉쳐져 만들어진 것이에요. 사람의 머리카락이나 손톱과 같은 단백질로 이루어져 있기 때문에 뿔이 부러져도 다시 자라난답니다. 검은코뿔소는 아프리카를 중심으로 서식해요. 몸 색깔은 회색빛으로, 이름만큼 검지는 않아요.

검은코뿔소

기본 데이터
- 분류: 말목 코뿔솟과
- 무게: 800~1,400kg
- 몸길이: 250~380cm
- 주요 서식지: 아프리카

수마트라코뿔소

동남아시아의 수마트라섬, 보르네오섬, 말레이반도에 서식해요. 몸에는 털이 듬성듬성 나 있으며, 아시아에 서식하는 세 종류의 코뿔소(수마트라코뿔소, 자바코뿔소, 인도코뿔소) 중에서 유일하게 두 개의 뿔을 지니고 있지요.

흰코뿔소

기본 데이터
- 분류: 말목 코뿔솟과
- 무게: 1,500~3,600kg
- 몸길이: 350~420cm
- 주요 서식지: 아프리카

아프리카의 사바나에 서식해요. 코뿔솟과 중에서 가장 몸집이 크며, 수컷들끼리 영역 싸움을 벌이기도 해요. 과거에 뿔에 약효가 있다고 알려져 무분별한 포획이 이루어진 탓에 개체 수가 감소했어요.

기린과 친구들

궁금해? 기린의 목은 왜 길까?

그물무늬기린

기본 데이터
- 분류: 소목 기린과
- 몸길이: 300~400cm
- 무게: 800~1,500kg
- 주요 서식지: 아프리카 동부

오카피

아프리카 콩고 부근에 서식해요. 목이 길지 않고 다리에 줄무늬가 있어요. 기린과 생김새가 비슷하지는 않지만, 기린과로 분류되지요.

정답은! 목이 긴 수컷이 인기가 많아서

먼 옛날, 기린의 조상은 목이 짧고 몸집도 작았어요. 그런데 삶의 터전을 삼림에서 초원으로 옮기면서 몸집이 커졌고, 목이 긴 개체만이 살아남았다고 해요. 그 이유는 목이 긴 수컷이 암컷에게 더 인기가 많아서라는 추측과 좀 더 높은 나무의 잎을 먹을 수 있어서 살아남았다고 추측해요. 아프리카 초원에 사는 그물무늬기린은 기린 중에서 가장 키가 작아요.

남아프리카기린

남아프리카 공화국, 나미비아, 짐바브웨 등에 서식하는 기린이에요. 그물무늬기린과 로스차일드기린만큼 무늬가 선명하지는 않지만 규칙적인 무늬가 있어요.

로스차일드기린

아프리카 우간다 주변에 서식하고 있어서 '우간다기린'이라고도 불려요. 몸은 무늬가 비교적 뚜렷하고, 다리의 하부에는 무늬가 없고 털 색깔이 옅어서 '하얀 양말을 신은 기린'이라는 별명이 있어요.

기본 데이터
- 분류: 소목 기린과
- 몸길이: 400~600cm
- 무게: 800~1,200kg
- 주요 서식지: 우간다, 케냐

캥거루와 친구들

궁금해? 캥거루의 배에는 왜 주머니가 있을까?

붉은캥거루

기본 데이터
- 분류: 유대목 캥거루과
- 무게: 22~85kg(수컷), 17~35kg(암컷)
- 몸길이: 75~140cm
- 주요 서식지: 오스트레일리아

붉은목왈라비

오스트레일리아 남동부에 사는 붉은목왈라비도 캥거루과 동물이라 새끼를 넣는 주머니가 있어요. 몸은 회색이지만, 목은 붉은빛이 감도는 갈색을 띠고 있어서 이러한 이름으로 불려요.

정답은! 새끼를 보호하는 캥거루의 주머니

오스트레일리아에 서식하는 캥거루는 뒷다리로 서서 점프하듯 이동하는 것이 특징이에요. 캥거루의 새끼는 무척 작아서 성장하기 전까지는 어미의 배에 있는 주머니에서 생활하지요. 주머니 안에서 모유를 먹을 수도 있어요. 붉은캥거루는 유대목 동물 중 가장 크기가 커요. 유대목은 배에 주머니를 갖고 있는 것이 특징이지요.

타마왈라비

오스트레일리아 남부에 서식하는 캥거루과 동물이에요. 다른 캥거루과 동물에 비해 몸집이 작은데, 새끼의 무게는 0.3그램 정도밖에 되지 않아요. 이 자그마한 새끼가 완전히 자랄 때까지 8개월 동안 배에 있는 주머니 속에서 키운답니다.

기본 데이터
- 분류: 유대목 캥거루과
- 무게: 4~10kg
- 몸길이: 50~70cm
- 주요 서식지: 오스트레일리아

동부회색캥거루

오스트레일리아 동부에 서식하는 캥거루예요. 옛날부터 식용으로 이용되었으며, 몸집이 큰 것이 특징이에요. 수컷끼리 싸울 때는 꼬리로 몸을 지탱한 뒤 뒷다리로 상대방을 차는데, 그 위력이 엄청나답니다.

사슴과 친구들

궁금해? 뿔이 있는 사슴과 없는 사슴의 차이는?

말코손바닥사슴

기본 데이터
- 분류: 소목 사슴과
- 무게: 200~800kg
- 몸길이: 230~300cm
- 주요 서식지: 북미, 유라시아

정답은! 수컷 사슴만 뿔이 자라

대부분의 사슴은 암컷은 뿔이 없고 수컷만 뿔이 있어요. 뿔이 커다랄수록 건강하고 싸움에서도 유리하기 때문에 이는 수컷의 힘을 상징하기도 해요. 말코손바닥사슴은 북반구에 널리 서식하고 있는 초식 동물로, 커다랗고 여러 갈래로 나뉘어 있는 멋진 뿔이 특징이에요.

에조사슴

우리나라와 일본, 중국, 타이완 등 동북아시아에 서식해요. 여름에는 밝은 갈색에 하얀 반점 무늬를 띠고 있지만, 겨울에는 털색이 어두운 색으로 바뀐답니다.

붉은사슴

기본 데이터
- 분류: 소목 사슴과
- 무게: 90~340kg
- 몸길이: 165~270cm
- 주요 서식지: 유럽~북아프리카

순록

북극권과 같은 북쪽 지역에 서식해요. 예로부터 가축화되어 썰매를 끄는 동물로 유명하지요. 산타의 썰매를 끄는 루돌프도 순록이에요. 사슴과 동물이지만 암컷도 뿔이 자라요.

유럽에서 북아프리카 대륙에 걸쳐 서식하는 사슴으로, '말사슴'이라고도 불러요. 이름처럼 붉은빛의 털가죽은 겨울이 되면 어두운 회색으로 바뀌어요. 사슴 중에서 몸집이 큰 편이에요.

박쥐와 친구들

궁금해? 박쥐는 왜 거꾸로 매달려 있을까?

마인크래프트 속 동굴에서 흔히 볼 수 있어요. 고체 블록에 거꾸로 매달려 있지요. 길들일 수 없고, 공격해 오지도 않기 때문에 특별히 상대할 필요는 없어요.

관박쥐

기본 데이터
- 분류: 박쥐목 관박쥣과
- 무게: 17~35g
- 몸길이: 6.3~8.2cm
- 주요 서식지: 유럽, 아시아

정답은! 다리 근육이 퇴화해서 발로 걷거나 뛸 수 없어서

박쥐는 낮에는 동굴이나 나무 구멍 등에서 쉬고, 밤에 사냥을 나가요. 초음파를 이용해서 암흑 속에서도 자유롭게 날고, 벌레를 잡을 수도 있지요. 그런데 왜 거꾸로 매달려 있는 걸까요? 대부분의 다리 근육이 퇴화하여 발로 걷거나 뛸 수 없기 때문이에요. 대신 갈고리 모양의 발로 오래 매달려 있을 수 있지요. 또 심장과 폐가 크고 튼튼해서 거꾸로 있어도 어지럽지 않답니다.

집박쥐

박쥐 중에서 애기박쥣과에 속하며 몸집이 작아요. 흔히 박쥐는 동굴에서 산다고 생각하지만, 집박쥐는 사람들의 주거 공간에 함께 살아요. 한옥의 서까래나 벽 틈에 살았는데, 주거 환경이 바뀌면서 서식지를 잃고 있지요. 한국, 일본, 중국 등지에 분포해요.

토끼박쥐

귀가 토끼처럼 길어서 '긴귀박쥐'라고도 해요. 토끼박쥐의 털은 붉은 갈색으로, 나무 구멍이나 바위, 동굴에 살지요. 낮에는 동굴에서 숨어 지내다가 밤이 되면 활발히 활동하는데, 곤충을 주로 먹는답니다. 우리나라는 강원도 지역에서 살아요.

기본 데이터
- 분류: 박쥐목 애기박쥣과
- 몸길이: 4.2~5.8cm
- 무게: 5~13g
- 주요 서식지: 러시아, 한국 등지

원숭이와 친구들

궁금해? 원숭이의 엉덩이가 빨간 이유는?

일본원숭이

기본 데이터
- 분류: 영장목 긴꼬리원숭잇과
- 무게: 8~18kg
- 몸길이: 50~70cm
- 주요 서식지: 일본

정답은! 피부가 얇아서 혈관이 비치기 때문에

원숭이 엉덩이가 빨간 이유는 피부가 얇아서 혈관이 비치기 때문이에요. 털이 없는 엉덩이 부분이 붉게 보이는 것이지요. 모두 그런 것은 아니고, 주로 북쪽 지방에 사는 원숭이의 엉덩이가 빨갛다고 해요. 일본원숭이는 일본 고유종으로, 주로 산악 지대나 삼림에 무리를 지어 살아요. 번식기가 되면 얼굴과 엉덩이가 더욱 빨개지는 것이 특징이에요.

황금들창코원숭이

기본 데이터
- 분류: 영장목 긴꼬리원숭잇과
- 무게: 9~20kg
- 몸길이: 47~76cm
- 주요 서식지: 중국 중서부

황금색을 띠는 털과 파르께한 얼굴, 들창코가 특징으로 '금빛원숭이'로도 불려요. 원숭이 중에서도 한랭한 지역에 서식해요. 중국의 3대 진기한 동물로도 꼽히지만, 약재용과 모피용으로 무분별하게 포획해서 현재는 개체 수가 적어졌어요.

티베트원숭이

티베트를 중심으로 서식하는 원숭이예요. '티베트마카크'라고 불리기도 하지요. 어두운 갈색의 긴 털로 뒤덮여 있으며, 얼굴은 분홍빛이고 꼬리가 짧다는 특징이 있어요. 수십 마리씩 무리를 지어 생활해요.

유인원과 친구들

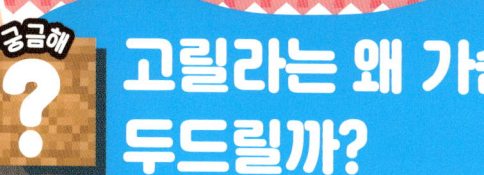

궁금해? 고릴라는 왜 가슴을 두드릴까?

마운틴고릴라

기본 데이터
- 분류: 영장목 사람과
- 무게: 약 160kg(수컷), 약 90kg(암컷)
- 몸길이: 약 170cm(수컷), 약 150cm(암컷)
- 주요 서식지: 중앙아프리카

정답은! 자신의 몸집 크기를 알리기 위해

고릴라가 두 발로 서서 가슴을 두드리는 모습은 얼핏 화내는 것처럼 보여요. 하지만 사실은 자신의 몸 크기를 상대방에게 전달하기 위함이라고 해요. 덩치가 클수록 두드리는 소리의 주파수 고점이 낮아서 싸움이 벌어지는 것을 미리 막는 것이지요. 검은 털에 튼튼한 몸을 지닌 마운틴고릴라는 아프리카를 중심으로 살아요.

서부고릴라

서아프리카의 산림 지대에 서식하는 고릴라예요. 영장류 중 몸집이 가장 커요. 얼굴은 검고 펑퍼짐한 납작코에 콧구멍이 크지요.

침팬지

기본 데이터
- 분류: 영장목 사람과
- 무게: 34~70kg(수컷), 26~50kg(암컷)
- 몸길이: 74~96cm
- 주요 서식지: 중앙아프리카

아프리카 열대 우림과 사바나 등지에 서식해요. 무리를 짓고 울음소리를 내어 의사소통을 한답니다. 나뭇가지를 이용해 개미를 잡아먹는 등 도구를 사용할 수 있다는 특징이 있어요.

보르네오오랑우탄

오랑우탄은 말레이시아어로 '숲에 사는 사람'이라는 뜻이에요. 인도네시아 보르네오섬에 살며, 붉은빛이 도는 갈색의 긴 털과 다리보다 긴 팔이 특징이에요.

돌고래와 친구들

궁금해? 돌고래는 왜 점프를 할까?

마인크래프트에서도 바다에서 돌고래를 볼 수 있어요. 돌고래에게 생대구나 생연어를 주면 근처 난파선이나 해저 폐허로 이동해서 구조물을 찾을 때 유용해요. 먼저 공격하거나 동료를 공격하면 공격적으로 변해요.

큰돌고래

기본 데이터
- 분류: 고래목 참돌고랫과
- 무게: 200~600kg
- 몸길이: 2.5~4m
- 주요 서식지: 전 세계 바다

정답은! 몸을 깨끗이 하고 빨리 이동하기 위해

돌고래가 점프하는 이유는 여러 가지가 있는데, 물 위로 점프한 뒤 내려오면서 수면에 몸이 부딪힐 때 기생충이나 이물질을 제거된다고 해요. 그리고 물속보다 공중에서 저항을 적게 받기 때문에 점프를 하면 더 빨리 앞으로 갈 수 있고요. 큰돌고래는 가장 흔하고 잘 알려진 돌고래로, 돌고래 중 크기가 가장 커요.

범고래

범고래는 해양 먹이사슬의 정점에 있는 생물이에요. 돌고래처럼 지능이 높고 초음파를 통해 의사소통하며, 무리를 지어 사냥을 하지요. 귀여운 겉모습과 달리 성격이 매우 난폭해요.

'쇠물돼지' 혹은 모습이 웃는 얼굴 같아서 '웃는 고래'로 부르기도 해요. 다른 돌고래랑 달리 등지느러미가 없고 몸집이 작아요. 물 위로 점프하는 일도 좀처럼 볼 수 없지요. 또 배를 발견하면 잽싸게 도망치는 소심한 성격이랍니다. 멸종 위기종으로 보호받고 있어요.

상괭이

기본 데이터
- 분류: 고래목 쇠돌고랫과
- 무게: 30~45kg
- 몸길이: 1.8~1.9m
- 주요 서식지: 아시아 지역 연안

낫돌고래

등지느러미 모양이 낫의 날처럼 보여 이름이 붙여졌어요. 낫돌고래는 활발하고 호기심이 강해서 다른 돌고래와 함께 헤엄치며 놀거나 사람이 탄 배 근처까지 다가오기도 해요.

매너티와 친구들

궁금해? 매너티와 듀공은 어떻게 구분할까?

서인도제도매너티

기본 데이터
- 분류: 바다소목 매너티과
- 무게: 약 500kg, 최대 1,600kg
- 몸길이: 3~3.5m, 최대 4m
- 주요 서식지: 플로리다, 대서양 연안

정답은! 꼬리지느러미의 모양이 달라!

생김새가 아주 비슷한 매너티와 듀공은, 옛날에 사람들이 인어로 착각했다고 해요. 둘은 꼬리지느러미로 쉽게 구분할 수 있는데, 매너티는 동그란 주걱 같은 모양인 반면, 듀공은 세모난 꼬리지느러미를 가지고 있어요. 서인도제도매너티는 초식 동물로, 주로 산호초가 있는 연안에서 생활해요. 무분별한 포획 때문에 개체 수가 줄고 있답니다.

아프리카매너티

기본 데이터
- 분류: 바다소목 매너티과
- 무게: 400~500kg, 최대 750kg
- 몸길이: 2.5~3.4m, 최대 4m
- 주요 서식지: 아프리카 대륙 중부, 서부 해안, 하천

아프리카매너티는 민물과 바닷물을 자유롭게 오갈 수 있어요. 잠수를 잘하고 지느러미 같은 앞다리를 이용해 헤엄을 치거나 먹이를 입에 가져다 넣을 수도 있어요. 1년에 약 8,000킬로그램의 수중 식물을 먹어 치운답니다.

듀공

듀공은 매너티와 같은 바다소의 한 종류예요. 초식 동물이기 때문에 주로 해초를 먹는데, 입이 아래를 향한 모양이라 해저의 해초를 쉽게 빨아들일 수 있어요. 듀공 역시 멸종 위기에 처해 있어요.

바다사자와 친구들

궁금해? 바다사자와 물범의 차이는?

캘리포니아바다사자

기본 데이터
- 분류: 식육목 물갯과
- 무게: 약 390kg(수컷), 약 110kg(암컷)
- 몸길이: 약 2.4m(수컷), 약 2m(암컷)
- 주요 서식지: 북미의 따뜻한 해안

남아메리카바다사자

'작은 귀'라는 뜻의 '오타리아'라고도 불려요. 수컷은 사자처럼 목 주변에 갈기가 있어서 바다사자라는 이름이 붙은 것이지요. 남아메리카바다사자 수컷은 자기 영역에 대한 의식이 높고, 때때로 암컷을 차지하기 위해 싸우기도 한답니다.

정답은! 귀가 보이면 바다사자!

귀를 보면 알 수 있어요. 물범은 귓바퀴가 없고 구멍만 뚫려 있어서 겉으로는 귀가 보이지 않지만, 바다사자는 귀가 보여요. 또 따뜻한 지역에 서식하는 바다사자는 털가죽이 매끈한데, 차가운 바다에 사는 물범은 복슬복슬해요. 캘리포니아바다사자는 바다사자 중에서 크기가 작고 여러 울음소리를 낼 수 있어요.

오스트레일리아바다사자

야생의 오스트레일리아바다사자는 친화력이 무척 좋아요. 사람을 봐도 겁내거나 덮치지 않고 오히려 먼저 다가올 정도지요. 또 청력이 뛰어난 편이라 수족관에서는 멀리 떨어진 곳에서 사육사가 하는 말도 들을 수 있다고 해요.

기본 데이터
- 분류: 식육목 물갯과
- 무게: 약 300kg(수컷), 약 105kg(암컷)
- 몸길이: 약 2.5m(수컷), 약 1.8m(암컷)
- 주요 서식지: 오스트레일리아 남서부 해안

큰바다사자

바다사자 중에서 몸집이 가장 크며, 암컷과 수컷의 체중 차이도 커요. 전 세계적으로 개체 수가 급격히 감소하여 멸종 위기에 처해 있어요. 우리나라 동해에 드물게 나타나기도 해요.

물범과 친구들

궁금해? 물범의 특기는 뭘까?

북방코끼리물범

기본 데이터
- 분류: 식육목 물범과
- 무게: 1,800~2,200kg(수컷), 최대 800kg(암컷)
- 몸길이: 4~5m(수컷), 3m(암컷)
- 주요 서식지: 북미 태평양 연안

정답은! **잠수해서 숨을 참는 것이 특기**

'바다표범'이라고도 부르는 물범은 수영이 특기예요. 특히 오랜 시간 동안 숨을 참을 수 있어서 1,500미터나 되는 깊이까지 잠수하여 약 두 시간 동안 버틸 수도 있답니다. 북방코끼리물범은 코끼리 같은 코가 달린 것이 특징이에요.

점박이물범

점박이물범은 이름으로 짐작할 수 있듯 몸 전체에 검은 반점 무늬가 있어요. 두꺼운 지방으로 싸여 있어서 추운 바다에서도 살아남을 수 있지요. 우리나라 백령도 주변에도 살고 있어요.

기본 데이터
- 분류: 식육목 물범과
- 무게: 80~120kg
- 몸길이: 1.6~1.7m
- 주요 서식지: 한국, 북태평양, 베링해

회색물범

이름처럼 몸이 회색빛이며 반점이 있고, 주둥이가 길어요. 해변의 모래사장에서 쉬거나 얼음 위에서 일광욕을 즐기기도 한답니다.

고래와 친구들

고래는 왜 물을 내뿜을까?

향유고래

기본 데이터
- 분류: 고래목 향유고랫과
- 무게: 약 45t(수컷), 약 20t(암컷)
- 몸길이: 10~15m, 최대 18m
- 주요 서식지: 전 세계 심해

호흡을 하기 위해서

고래는 포유류여서 인간과 마찬가지로 폐 호흡을 하는데, 수면 위로 올라와 머리에 있는 숨구멍으로 공기를 내뿜으면서 물이 나오는 것이랍니다. 고래는 이빨고래와 수염고래로 나뉘는데, 향유고래는 이빨고래 중에서 가장 크기가 큰 고래예요. 위턱의 이빨은 퇴화했고, 아래턱에만 50쌍 정도의 이가 나 있어요.

쇠고래

기본 데이터
- 분류: 고래목 쇠고랫과
- 무게: 14~35t
- 몸길이: 11~15m
- 주요 서식지: 태평양 북부

귀신처럼 신출귀몰하게 나타났다가 사라져서 '귀신고래'라는 별명이 있어요. 고래 중에서 몸집이 작은 편으로, 피부 표면은 따개비류로 뒤덮여 있어요. 우리나라는 멸종 위기인 쇠고래가 새끼를 낳기 위해 이동하는 경로인 울산 부근 동해안을 천연기념물로 지정했어요.

흰긴수염고래

지구상에 현존하는 가장 큰 동물로 알려져서 '대왕고래'라고도 불려요. 흰긴수염고래는 수염고랫과로, 크릴새우 같은 플랑크톤을 주로 먹지요. 최근 개체 수가 줄어들어 멸종 위기종으로 지정되었어요.

제 2 장 조류

조류란 날개를 가지고 있으며 하늘을 나는 것이 특기인 생물을 가리켜요. 그런데 새 중에는 하늘을 날 수 없는 것도 있지요. 조류는 몸이 깃털로 둘러싸여 있고 포유류처럼 폐 호흡을 하지만, 알을 낳아 새끼를 기르고 두 다리로 걷는다는 차이가 있어요. 크기는 손바닥만 한 것부터 인간보다 큰 것까지 무척 다양해요.

마인크래프트의 정글에도 다양한 색깔의 앵무새가 하늘을 날고 있어.

앵무새와 친구들

? 궁금해 앵무새는 어떻게 말을 할 수 있을까?

마인크래프트에서는 정글에서 형형색색의 앵무새를 만날 수 있어요. 길들이면 어깨나 머리 위로 올라앉는데 무척 귀엽지요. 씨앗을 주면 길들일 수 있어요.

흰유황앵무

기본 데이터
- 분류: 앵무목 앵무과
- 무게: 500~630g
- 몸길이: 약 46cm
- 주요 서식지: 인도네시아

큰유황앵무

하얀 몸에 노란 볏이 나 있는 것이 특징이에요. 오스트레일리아에 서식하며, 현지에서는 반려동물로 인기를 끌고 있어요.

! 정답은 인간과 비슷한 음성 기관이 있어서

앵무새는 사람의 성대와 닮은 울대와 두꺼운 혀가 있어서 말을 할 수 있어요. 인간의 말을 따라 하는 이유는 무리 속에서 동료의 목소리를 따라 하며 의사소통을 하던 습성이 남아서라고 해요. 하지만 모든 앵무새가 말할 수 있는 것은 아니에요. 흰유황앵무는 인도네시아 섬의 열대 우림에 서식하는 흰색 털의 앵무새예요.

왕관앵무

뺨에 동그랗고 빨간 무늬가 있는 것이 특징이에요. 오스트레일리아가 원산국이지만, 공격성이 없고 길들이기가 쉬워 세계 각지에서 반려동물로 인기가 높은 종이에요.

기본 데이터
- 분류: 앵무목 앵무과
- 무게: 70~120g
- 몸길이: 30~35cm
- 주요 서식지: 오스트레일리아

분홍관앵무

분홍빛 몸에 머리 부분에 진한 붉은빛의 털이 특징이에요. 모습이 아름답고 사람을 잘 따르는 성격이어서 반려동물로 인기가 좋아요.

참새와 친구들

궁금해? 겨울철 참새의 몸이 통통해지는 이유는?

 참새

기본 데이터
- 분류: 참새목 참샛과
- 몸길이: 약 15cm
- 주요 서식지: 유라시아 대륙

정답은! 몸을 따뜻하게 하기 위해

겨울이 오면 날렵했던 참새의 몸이 통통해지는 이유는 깃털을 세워서 그 안에 공기를 머금어 몸을 따뜻하게 하기 때문이에요. 또한 미리 먹이를 많이 먹고 털갈이를 했기 때문이기도 해요. 참새가 추운 겨울을 나는 법이지요. 작은 몸집에 높은 목소리로 지저귀는 참새는 우리나라 어디서든 볼 수 있답니다.

멋쟁이

수컷의 목에는 장밋빛이 도는 붉은색 깃털이 이름처럼 멋스럽게 나 있어요. 우리나라에는 겨울에 찾아오는 겨울 철새랍니다.

검은머리방울새

기본 데이터
- 분류: 참새목 되샛과
- 몸길이: 약 12cm
- 주요 서식지: 유라시아 대륙

참새목 중에서도 특히 몸집이 작은 편이에요. 몸의 깃털은 노란색과 초록색이 섞인 황록색을 띠고 있어요. 겨울철이 되면 무리를 지어 우리나라를 찾아온답니다. 우는 소리가 아름다워서 반려동물로 기르기도 해요.

양지니

수컷 양지니는 몸 전체가 붉은빛을 띠어요. 원래는 시베리아 등 북쪽 지역에 서식하지만, 겨울을 나기 위해 우리나라를 비롯한 아시아 국가로 내려와요.

오리와 친구들

궁금해? 오리는 왜 하늘을 날지 못할까?

집오리

기본 데이터
- 분류: 기러기목 오릿과
- 무게: 600~1,000g
- 몸길이: 약 30cm
- 주요 서식지: 세계 각지

정답은! 몸이 너무 무거워서

새하얀 몸에 노란 부리가 특징인 집오리는 야생의 청둥오리를 가축화한 것이에요. 날개 크기는 똑같지만 몸이 무거워지고 날개가 퇴화되어 날지 못하지요. 하지만 청둥오리처럼 물 위에서 생활할 수는 있답니다.

인디언러너

집오리 중에서 목이 길고 몸집이 날렵하며, 펭귄처럼 자세가 꼿꼿한 종이에요. 알을 많이 낳아서 가축으로 사육되고 있어요.

청둥오리

오릿과 친구예요. 유라시아 대륙 북부와 북미에 서식하고, 우리나라에는 주로 겨울에 찾아와요. 수컷은 초록색 머리가 특징이고, 암컷은 온몸이 옅은 갈색이에요. 청둥오리를 가축용으로 개량한 것이 집오리지요.

기본 데이터
- 분류: 기러기목 오릿과
- 무게: 700~1,600g
- 몸길이: 약 59cm
- 주요 서식지: 북반구

머스코비오리

남미의 야생 오리를 가축화한 것으로, 유럽이나 타이완 등에서 식용 목적으로 길러요. 부리에 달려 있는 혹처럼 생긴 곳에서 강한 냄새를 풍기는 분비물이 나와요.

타조와 친구들

궁금해 ? 타조의 시력은 얼마나 좋을까?

화식조

오스트레일리아 북부와 뉴기니에 사는 화식조는 세계에서 가장 위험한 새로 알려져 있어요. 공격적인 성향과 함께 날카로운 발톱으로 상대를 공격하기 때문이지요. 절대로 자극해서는 안 된답니다.

타조

기본 데이터
- 분류: 타조목 타조과
- 무게: 약 120kg(수컷), 약 100kg(암컷)
- 몸길이: 2.1~2.8m(수컷), 1.7~2m(암컷)
- 주요 서식지: 아프리카 대륙

정답은 ! 사람의 시력보다 무려 10배 이상 좋아!

타조는 동물 가운데 시력이 가장 좋아요. 타조의 시력은 무려 25.0으로 최대 20킬로미터 떨어져 있는 것도 볼 수 있다고 해요. 또한 타조는 날지 못하는 새로 유명해요. 대신 강한 발톱과 긴 다리, 발달한 다리 근육을 이용해 빠른 속도로 뛰어서 먹이를 찾지요. 시속 70킬로미터까지 달릴 수 있답니다.

에뮤

오스트레일리아의 고유종으로, 타조와 마찬가지로 하늘을 날지 못해요. 새 중에서 타조 다음으로 크기가 크지요. 날개는 퇴화하여 짧지만, 튼튼한 다리를 이용해 빨리 달릴 수 있고 수영을 잘한다고 해요.

기본 데이터
- 분류: 화식조목 에뮤과
- 무게: 40~60kg
- 몸길이: 160~200cm
- 주요 서식지: 오스트레일리아

키위

뉴질랜드 고유종으로, 날지 못하지만 타조과는 아니에요. '키위키위' 하고 울어서 이름이 붙여졌어요. 부리가 길고 날개가 없는 것이 특징이에요.

펭귄과 친구들

궁금해? 펭귄은 왜 하늘을 날지 않고 바닷속을 헤엄칠까?

남부바위뛰기펭귄

기본 데이터
- 분류: 펭귄목 펭귄과
- 무게: 2~3.4kg, 최대 5kg
- 몸길이: 50~58cm
- 주요 서식지: 인도양 남부, 남대서양

킹펭귄

'임금펭귄'이라고도 불려요. 황제펭귄이 발견되기 전까지는 가장 큰 펭귄으로 알려져 있던 종이에요. 지금은 황제펭귄에 이어 두 번째로 큰 종이지요.

정답은! 바닷속에 먹이가 더 많기 때문에

펭귄은 조류이지만 날지 못해요. 남극권에 사는 펭귄에게는 육지보다 바다에 물고기 같은 먹이가 풍부해서 날개가 헤엄을 치기 위한 지느러미 같은 모양으로 바뀌었답니다. 남부바위뛰기펭귄은 빨간 눈과 머리의 노란 장식 같은 깃털이 특징이에요. 발로 점프하여 바위나 틈을 뛰어넘어서 이름이 붙여졌지요.

황제펭귄

기본 데이터
- 분류: 펭귄목 펭귄과
- 무게: 20~45kg
- 몸길이: 100~130cm
- 주요 서식지: 남극 대륙

펭귄 중에서 가장 큰 종이에요. 원래는 킹펭귄이 가장 큰 종으로 알려져 있었지만, 그보다 더 큰 펭귄 종이 발견되면서 이들에게 '킹(임금)'보다 더 위인 '황제'라는 이름을 붙인 거랍니다.

훔볼트펭귄

펭귄은 남극에만 사는 것은 아니에요. 온난한 기후에서도 생활할 수 있는 훔볼트펭귄은 칠레 북부와 페루에 서식한답니다.

비둘기와 친구들

궁금해? 비둘기는 어떻게 편지를 전달하는 걸까?

바위비둘기

기본 데이터
- 분류: 비둘기목 비둘깃과
- 무게: 240~380g
- 몸길이: 약 32cm
- 주요 서식지: 세계 각지

정답은! 살던 곳으로 돌아가려는 습성 때문에

통신 수단이 발달하기 전 옛날 사람들은 비둘기를 이용해 편지를 주고받았어요. 편지를 보내도록 훈련된 비둘기를 '전서구'라고 하는데, 자신의 서식처로 돌아가는 습성인 귀소 본능을 이용한 것이지요. 바위비둘기는 리비아가 원산지로, 이를 가축화한 것이 우리가 가장 흔히 보는 집비둘기예요.

흑비둘기

깃털이 어두운 색을 띠는 흑비둘기는 우리나라에 사는 비둘기 중 가장 크기가 커요. 천연기념물로 지정되어 있는데, 인간에 대한 경계심이 무척 강하답니다.

에메랄드비둘기

날개가 에메랄드 빛 녹색을 띠고 있어 이름 붙여졌어요. 주로 인도반도와 동남아 열대 및 아열대 지역에 서식하지요. 주로 땅에서 생활하며 떨어진 나무 열매와 과일, 씨앗 등을 먹으며 살아간답니다.

멧비둘기

우리나라 어디서든 쉽게 볼 수 있어요. 갈색빛을 띠고 있는 것이 특징이지요. 우리가 아는 비둘기 울음소리와 다르게 '훅훅', '후후' 하는 독특한 울음소리를 내요.

기본 데이터
- 분류: 비둘기목 비둘깃과
- 무게: 약 230g
- 몸길이: 약 33cm
- 주요 서식지: 한국, 일본, 중국

제비와 친구들

궁금해? 제비는 어떻게 집을 지을까?

흰털발제비

기본데이터
- 분류: 참새목 제빗과
- 무게: 약 18g ● 몸길이: 약 14.5cm
- 주요 서식지: 아프리카, 인도, 일본, 동남아시아

정답은! 진흙과 마른풀 따위를 침으로 뭉쳐서 만들어

제비는 봄에 우리나라에 와서 여름을 지내고, 겨울이 되면 남쪽으로 이동하는 철새예요. 제비는 주로 지붕 밑에 집을 짓는데, 진흙이나 마른풀 따위에 침을 섞어서 짓지요. 제비 침에는 접착제 성분 같은 것이 들어 있답니다. 다리가 흰털로 덮여 있는 흰털발제비는 우리나라에서 보기 힘든 종이에요.

쇠칼새

아시아에 널리 분포해 있으며, 온몸이 까맣고 허리 부근에만 하얀 무늬가 있어요. 펼친 날개가 낫처럼 보이는 것이 특징이에요.

청둥제비

기본데이터
- 분류: 참새목 제빗과
- 무게: 약 20g
- 몸길이: 약 13.5cm
- 주요 서식지: 북미

파랗게 빛나는 깃털과 새하얀 배, 뾰족한 날개가 특징이에요. 북미에서 번식하고 겨울이 되면 중미로 내려와 겨울을 보내요. 겨울이 지나면 북쪽으로 다시 돌아가 번식한답니다.

갈색제비

옅은 갈색의 작은 제비예요. 우리나라에서는 4~10월 사이에 볼 수 있어요. 절벽에 자그마한 둥지 구멍을 파 놓는 습성이 있어요.

아름다운 울음소리의 새와 친구들

 휘파람새는 왜 '휘익' 하는 소리를 내며 울까?

섬휘파람새

기본 데이터
- 분류: 참새목 휘파람샛과
- 무게: 12~20g
- 몸길이: 14~16cm
- 주요 서식지: 일본, 중국, 동남아시아

 **수컷이 암컷을 유혹하기 위해**

휘파람새의 '휘익' 하는 독특한 울음소리는 번식기의 수컷이 내는 소리예요. 종에 따라서 내는 소리도 다양하지요. 휘파람새 소리가 들리면 봄이 왔음을 느낄 수 있어서 봄의 전령사로도 불려요. 섬휘파람새는 몸집이 작고, 깃털은 초록빛을 띤 회갈색이에요. 우리나라에서는 남해안 산간 지역과 제주도에서 볼 수 있어요.

휘파람새

붉은빛의 갈색을 띤 새로, 섬휘파람새보다 조금 몸집이 커요. 중국 동북부와 한반도에서 번식하고, 겨울이 되면 남쪽으로 내려가요.

큰유리새

기본 데이터
- 분류: 참새목 딱샛과
- 무게: 약 20g
- 몸길이: 약 16.5cm
- 주요 서식지: 한국, 시베리아, 일본

참새보다 더 큰 종이에요. 수컷은 아름다운 파란색 깃털이며, 암컷은 옅은 갈색 깃털이에요. 번식기의 수컷 울음소리는 구슬이 구르는 듯 맑은 소리가 나요.

붉은가슴울새

머리와 윗가슴이 선명한 주황색을 띤 것이 특징이에요. 크기는 참새 정도로, 일본에서 번식하며 중국 동남부에서 겨울을 지내지요. 4~5월에 우리나라에 잠시 들르기도 해요.

올빼미와 친구들

궁금해? 올빼미와 부엉이는 어떻게 구분할까?

솔부엉이

기본 데이터
- 분류: 올빼미목 올빼밋과
- 무게: 약 170~230g
- 몸길이: 약 30cm
- 주요 서식지: 아시아

수리부엉이

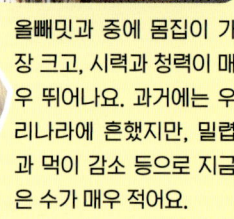

귀깃

올빼밋과 중에 몸집이 가장 크고, 시력과 청력이 매우 뛰어나요. 과거에는 우리나라에 흔했지만, 밀렵과 먹이 감소 등으로 지금은 수가 매우 적어요.

정답은! 귀 모양 깃이 없으면 올빼미!

부엉이와 올빼미는 둘 다 올빼밋과로 어두운 밤에 활동하는 야행성 새예요. 영어로는 구분 없이 'owl'이라고 쓰이지만, 생김새가 달라요. 부엉이는 머리 꼭대기에 귀 모양의 깃이 있는 반면, 올빼미는 깃이 없이 둥근 모양이지요. 솔부엉이는 이름에 부엉이가 들어가지만, 머리에 귀깃이 없는 올빼밋과예요. 예전에는 우리나라에서도 흔히 볼 수 있었지만 서식지 파괴로 현재 그 수가 크게 감소했어요.

금눈쇠올빼미

기본 데이터
- 분류: 올빼미목 올빼밋과
- 무게: 110~150g 몸길이: 19~25cm
- 주요 서식지: 유럽, 아시아

올빼미 중에서 크기가 가장 작고, 갈색과 흰색 얼룩무늬를 띤 몸에 금색 눈동자가 특징이에요. 반려동물로도 인기가 높아요.

안경올빼미

검은 얼굴에 안경 같은 하얀 무늬가 특징인 올빼미예요. 멕시코 남부와 아르헨티나 북서부, 브라질 남부에 서식하고 있어요.

고니와 친구들

궁금해? 백조는 어떻게 물 위에 떠 있을까?

큰고니

기본 데이터
- 분류: 기러기목 오릿과
- 무게: 7~14kg
- 몸길이: 약 140cm
- 주요 서식지: 유라시아 대륙 북부

정답은! 깃털에 기름막이 씌워져 있어서

하늘을 나는 새 중 백조는 몸집도 크고 무게도 가장 무거운 편에 속하지만 물 위에 둥둥 떠 있지요. 그 이유는 백조 꼬리 부근에서 기름이 분비되어 깃털에 기름막이 씌워져 물이 스며들지 않고, 깃털 사이에 공기를 머금고 있기 때문이에요. 고니는 백조의 순우리말로, 큰고니는 고니와 비슷하지만 부리의 노란색 부분이 더 넓고 크기가 커요.

흑고니

오스트레일리아의 고유종이에요. 이름처럼 몸이 까매요. '흑조'라고도 불러요.

검은목고니

목 위는 까맣고 몸은 하얀 독특한 모습의 고니예요. 고니 중에서 가장 몸집이 작고, 얼굴과 윗부리의 경계에 붉은색 혹이 달려 있어요.

고니

기본 데이터
- 분류: 기러기목 오릿과
- 무게: 5.8~9kg
- 몸길이: 115~150cm
- 주요 서식지: 유라시아 대륙 북부, 북미

새하얀 털을 가지고 있고, 큰고니와 생김새가 비슷하지만 고니가 조금 더 작아요. 갓 태어났을 때는 회색빛이 감돌지만, 성장하면서 하얗게 변한답니다.

매와 친구들

궁금해 ❓ '매의 눈'이란 어떤 눈일까?

뿔매

기본 데이터
- 분류: 매목 수릿과
- 몸길이: 70~80cm
- 무게: 약 3kg
- 주요 서식지: 동남아시아

정답은 ❗ 먹이를 노리는 날카로운 눈빛

매는 '맹금류', 즉 날카로운 발톱과 부리로 먹이를 사냥하는 육식 조류예요. 뛰어난 시력으로 먹잇감을 노려서, 날카롭게 꿰뚫어 보는 사람을 '매의 눈'이라고 하지요. 예로부터 매를 길들여서 사냥을 시켰는데, 매를 길들이고 부리는 사람을 '매부리'라고 해요. 뿔매는 아시아가 원산으로, 머리에 뿔 같은 깃이 있어요.

새매

몸은 회색빛을 띠고, 눈 주변의 흰 선이 뚜렷해요. 하늘을 날 때 짧고 둥근 날개와 긴 꽁지가 돋보인답니다.

참매

기본 데이터
- 분류: 매목 수릿과
- 무게: 0.63~1.4kg
- 몸길이: 55~60cm
- 주요 서식지: 한국, 일본, 유럽, 북미

푸른빛이 감도는 회색 깃털을 가진 매예요. 먹이를 잡을 때에는 날다가 먹이 가까이에 이르면 날카로운 발톱으로 낚아채듯 잡는 것이 특징이에요. 우리나라에서는 예로부터 꿩 사냥에 쓰였어요.

솔개

수릿과 중에서 유일하게 꼬리가 M자 모양으로 생겼어요. 솔개는 주로 기류를 타고 하늘을 날아서 날갯짓은 거의 하지 않아요.

독수리와 친구들

궁금해? 독수리와 매는 어떻게 구분할까?

참수리

기본 데이터
- 분류: 매목 수릿과
- 무게: 4.9~9.5kg
- 몸길이: 85~100cm
- 주요 서식지: 한국, 일본, 중국 동북부, 러시아 동부

정답은! 몸집이 크면 독수리, 작으면 매!

매목 새 중 큰 것을 독수리, 작은 것을 매라고 부르는데, 생물학적으로 명확한 차이는 없으며 예외도 있어요. 또 매는 날갯짓을 잘 하지 않지만, 독수리는 날갯짓으로 하늘을 난다는 차이도 있어요. 참수리는 커다랗고 노란 부리와 흑갈색의 깃털이 특징이에요. 독수리 중에서 세 번째로 큰 종이지요.

흰꼬리수리

꽁지 색깔이 하얘서 이런 이름이 붙었어요. 유라시아 대륙 북부에서 번식하고, 우리나라에는 겨울철에 임진강이나 한강, 낙동강 등 큰 하천에 찾아와요.

검독수리

기본 데이터
- 분류: 매목 수릿과
- 무게: 3~6.5kg
- 몸길이: 65~100cm
- 주요 서식지: 아시아, 유럽, 미국

다른 수릿과에 비해 검게 보여서 검독수리라고 불러요. 깊은 산속에 살며 토끼나 뱀, 다람쥐 등을 동물을 잡아먹어요. 우리나라에서는 천연기념물로 지정되어 있어요.

흰머리수리

몸은 갈색이지만 머리와 꽁지가 하얀색이에요. 날개를 활짝 펼쳤을 때의 몸길이가 2미터에 달할 정도로 커다란 독수리지요. 북미를 중심으로 서식해요.

왜가리와 친구들

궁금해? 왜가리가 물가에 있는 이유는 뭘까?

대백로

기본 데이터
- 분류: 황새목 왜가릿과
- 무게: 0.7~1.5kg ● 몸길이: 약 90cm
- 주요 서식지: 중국 북부, 시베리아 남동부, 아시아 북서부, 유럽 남동부

정답은! 먹이를 빠르게 찾기 위해서

왜가릿과 새는 목, 다리, 부리가 긴 것이 특징이에요. 대부분의 왜가리는 강과 호수, 늪지 등 물가에 살며 가재나 개구리, 물고기 등을 먹이로 삼아요. 왜가릿과 중에 몸빛이 흰색인 새를 백로라고 불러요. 대백로는 왜가릿과 중 가장 크기가 크며, 우리나라에서는 겨울철에 드물게 볼 수 있지요.

왜가리

푸른빛이 감도는 회색 깃털을 몸에 두르고 있어요. 머리에 난 검은색 댕기 깃털이 특징이지요.

흑로

기본 데이터
- 분류: 황새목 왜가릿과
- 무게: 약 400g
- 몸길이: 약 63cm
- 주요 서식지: 한국, 일본, 타이완

이름처럼 까만 깃털이 특징인 왜가리예요. 다른 왜가리보다 부리가 굵고 다리가 짧지요. 이름은 흑로이지만, 온몸이 하얀 종도 있어요.

황로

평소에는 흰색이지만, 여름이 되면 머리와 가슴 부분이 옅은 황갈색이 돼요. 그래서 황로라는 이름이 붙었답니다.

공작새와 친구들

궁금해❓ 공작새의 날개는 왜 화려할까?

인도공작

기본 데이터
- 분류: 닭목 꿩과
- 무게: 3~6kg
- 몸길이: 80~220cm
- 주요 서식지: 인도, 파키스탄, 스리랑카 등지

정답은❗ 아름다운 깃털로 암컷을 유혹하기 위해

공작은 아름다운 날개로 유명해요. 활짝 펼치면 커다란 부채 같지요. 이렇게 화려한 날개는 수컷에게만 있는데, 이는 암컷을 유혹하기 위해서예요. 수컷에 비해 암컷의 날개는 평범하답니다. 인도공작은 머리의 장식깃이 부채 모양인데, 꼭 비녀를 꽂은 모습 같아요. 인도를 대표하는 새이지요.

콩고공작

콩고공작의 수컷은 보라색이 도는 짙은 파란색의 깃털을 갖고 있어요. 이름대로 아프리카 콩고강 유역의 열대 우림에 서식하지요.

자바공작

기본 데이터
- 분류: 닭목 꿩과
- 무게: 1~5kg
- 몸길이: 100~300cm
- 주요 서식지: 동남아시아

로스차일드쇠공작

붉은빛이 감도는 갈색 깃털을 두르고 있어요. 공작새 중에서는 몸집이 작고, 몸도 마른 편이에요. 동남아시아의 산악지대에 서식해요.

'진공작' 또는 '초록공작'이라고도 해요. 공작새 중 가장 몸집이 크고, 목 주변 깃털이 화려한 초록색이에요. 베트남, 중국, 말레이반도 등에 서식하며, 나무 열매나 곤충 등을 먹어요.

콘도르와 친구들

궁금해? 콘도르의 머리는 왜 벗겨져 있을까?

검은대머리수리

기본 데이터
- 분류: 매목 콘도르과
- 무게: 1.2~1.9kg
- 몸길이: 55~65cm
- 주요 서식지: 북미 남부, 남미

정답은! 편하게 먹이를 먹기 위해서

콘도르가 대머리인 이유는 동물의 사체에 머리를 박고 고기를 먹을 때, 머리에 피나 이물질이 묻지 않게 하기 위함이에요. 검은대머리수리는 주로 남미에 서식하는 검은색 깃털을 가진 콘도르과예요. 흔히 '대머리독수리'라고 부르는데, 이는 틀린 표현이에요. '독'이 한자로 대머리라는 뜻이기 때문에 대머리수리라고 해야 한답니다.

왕대머리수리

얼굴이 빨간색과 주황색이 섞인 화려한 모습이라서 '오색머리콘도르'라고도 불려요. 멕시코 남부와 중미, 남미 지역에 살아요.

터키콘도르

기본 데이터
- 분류: 매목 콘도르과
- 무게: 0.8~2.4kg
- 몸길이: 65~80cm
- 주요 서식지: 북미, 남미

캘리포니아콘도르

북미 캘리포니아에 서식해요. 목 주변에 검은색 깃털을 목도리처럼 두르고 있지요. 크기가 매우 커서 날개를 펼치면 길이가 무려 3미터나 되는 개체도 있다고 해요.

깃털이 없는 붉은색 머리가 특징이에요. 후각이 발달해서 동물의 사체에서 풍기는 가스 냄새를 재빠르게 감지할 수 있어요. 16킬로미터 떨어진 곳에 있는 먹이의 냄새까지 맡을 수 있다고 해요.

까마귀와 친구들

궁금해? 까마귀는 왜 울까?

큰부리까마귀

기본 데이터
- 분류: 참새목 까마귓과
- 무게: 550~750g ● 몸길이: 약 55cm
- 주요 서식지: 동아시아, 동남아시아

정답은! 무리와 대화하거나 적을 위협하기 위해서

옛날에는 까마귀가 울면 불길한 일이 생긴다고 믿었어요. 하지만 사실 까마귀는 먹이를 발견하여 무리에게 알리거나 적과 영역 다툼을 할 때 위협하기 위해서 등 의사소통을 하기 위해 우는 거예요. 우리나라에서 흔히 보이는 까마귀는 대부분 큰부리까마귀예요.

큰까마귀

큰부리까마귀보다 몸집이 더 크고 앞이마가 각지지 않은 것이 특징이에요. 유라시아 대륙과 북미에 서식한답니다.

까마귀

기본 데이터
- 분류: 참새목 까마귓과
- 무게: 약 520g
- 몸길이: 약 50cm
- 주요 서식지: 한국, 중국 남부, 일본 남부

큰부리까마귀와 비슷하게 생겼지만, 몸집은 그보다 더 작아요. 나무 열매와 채소, 곤충, 인간이 버린 쓰레기부터 동물의 사체까지 가리지 않고 모조리 먹어 치우는 잡식 새예요. 우리나라 전국에서 볼 수 있어요.

갈까마귀

까마귀 중에서 몸집이 가장 작아요. 목둘레와 배 부분이 회색빛을 띠지요. 우리나라에는 겨울을 보내기 위해 찾아와요.

찌르레기와 친구들

궁금해? 찌르레기는 왜 무리를 지어 움직일까?

찌르레기
기본 데이터
- 분류: 참새목 찌르레깃과
- 무게: 68~95g
- 몸길이: 약 24cm
- 주요 서식지: 동아시아

분홍찌르레기

몸의 윗면과 아랫면이 분홍색을 띠고 있어서 이러한 이름으로 불려요. 중앙아시아와 유럽에 서식하지만, 우리나라에서도 가끔 발견된답니다.

정답은! 천적으로부터 몸을 지키기 위해서

'찌르륵찌르륵' 하고 우는 찌르레기는 무리를 지어 살아요. 하늘을 뒤덮을 정도로 떼를 지어 날아갈 때도 있는데, 이는 적으로부터 몸을 지키기 위해서라고 해요. 하지만 이 때문에 소음이나 배설물 등의 피해를 입히기도 해요. 우리나라 전국 각지에서 볼 수 있어요.

흰점찌르레기

기본 데이터
- 분류: 참새목 찌르레깃과
- 무게: 약 82g
- 몸길이: 약 22cm
- 주요 서식지: 유럽 동부, 러시아 서부

아시아광택찌르레기

초록빛의 검은 날개와 빨간 눈동자가 특징이에요. 방글라데시, 인도, 싱가포르 등 동남아시아를 중심으로 서식하고 있어요.

갈색 몸에 하얀 반점 무늬가 특징이에요. 검은색이던 부리가 여름에는 노란색으로 변해요. 간혹 우리나라에서도 발견되는데, 다른 무리와 있다가 우리나라에 잘못 따라온 새, 즉 '길 잃은 새'로 분류한답니다.

제3장 어류·조개류 등

어류란 물속에 서식하는 생물을 가리켜요. 몸에 털이 없고, 몸 표면은 비늘이나 미끈미끈한 피부로 덮여 있는 것이 특징이지요. 또한 물속 산소를 빨아들이기 위한 '아가미'라는 기관을 가지고 있어서 물속에서도 호흡할 수 있어요. 새끼를 낳을 때는 조류와 마찬가지로 알을 낳는데, 한 번에 수많은 알을 낳는답니다. 조개류란 뼈가 없는 연체동물 중에 조개껍데기를 지닌 생물을 말해요.

물속 생물은 어떻게 살고 있을까?

열대어와 친구들

 흰동가리를 구분하는 방법은?

미지근한 바다, 따뜻한 바다, 무성한 동굴에서 나타나요. 마인크래프트 속 열대어는 2천 종이 넘는데, 색상도 무척 다채롭답니다.

흰동가리

기본 데이터
- 분류: 농어목 자리돔과
- 몸길이: 약 8cm
- 주요 서식지: 태평양, 인도양

 **몸에 세 개의 하얀 줄이 있는 것이 흰동가리**

영화 〈니모를 찾아서〉로 유명한 흰동가리는 밝은 주황색 몸통에 세 개의 하얀 줄무늬가 특징이에요. 보통 인도 태평양 아열대에 서식하며, 말미잘과 더불어 살아요.

깃대돔

노란색과 검은색 줄무늬가 있는 몸에, 기다란 등지느러미가 특징이에요. 멋진 겉모습 덕분에 반려동물로 인기가 높지만, 수질이나 먹이 등에 예민해서 기르기가 까다로워요.

노랑양쥐돔

선명한 노란색 몸과 뾰족한 입이 특징인 열대어로, 따뜻한 바다의 산호초 부근에 서식해요. 등지느러미 부근에 있는 가시로 몸을 보호하지요. 색깔이 예뻐서 관상용으로도 인기가 높아요.

기본 데이터
- 분류: 농어목 양쥐돔과
- 몸길이: 15~20cm
- 주요 서식지: 인도양, 태평양 등지

베타

길고 아름다운 지느러미와 다채로운 색으로 유명해요. 화려한 용모와 달리, 수컷끼리 매우 격렬하게 영역 다툼을 하기 때문에 '투어'라고 불리기도 해요.

연어와 친구들

궁금해? 연어는 강에 살까, 바다에 살까?

마인크래프트의 차가운 바다, 얼어붙은 바다 그리고 강에서 볼 수 있어요. 낚시나 양동이로도 잡을 수 있는데, 익히지 않아도 먹을 수 있어요.

홍연어

기본 데이터
- 분류: 연어목 연어과
- 몸길이: 약 80cm
- 주요 서식지: 북태평양, 베링해, 오호츠크해

정답은! 강에서 태어나서 바다에서 살아

연어는 강에서 태어난 후 바다로 이동하여 살아요. 그렇게 어른이 되어 번식기가 되면 다시 자신이 태어난 강으로 돌아와 알을 낳는답니다. 홍연어는 평소에는 몸이 은색이지만, 산란기가 되면 암수 모두 머리만 빼고 몸 전체가 붉게 변해요. 시베리아, 일본 홋카이도 같은 차가운 바다에 서식해요.

송어

연어과 물고기인 송어는 강에서 태어난 뒤 바다로 나와 산란 시기가 되면 다시금 강으로 돌아와요. 바다로 나가지 않고 강에 머무르는 송어는 '산천어'라고 불러요.

무지개송어

기본 데이터
- 분류: 연어목 연어과
- 몸길이: 40~120cm
- 주요 서식지: 북미, 캐나다 등지

몸이 알록달록 무지갯빛을 띠어 붙은 이름이에요. 강에서 생활하는 담수어지만, 바다로 나갔다가 강으로 돌아오는 종도 있어요. 현재 우리나라에 사는 무지개송어는 모두 일생을 강에서 생활하는 종이에요.

은연어

이름처럼 은색을 띤 연어로, 북태평양과 캘리포니아 등지에 살아요. 맛이 좋고 성장이 빨라서 양식 어종으로 주목받고 있어요.

대구와 친구들

궁금해? 대구는 한 번에 얼마나 많은 알을 낳을까?

마인크래프트에서 따뜻한 바다를 뺀 나머지 바다에서 만날 수 있어요. 갈색을 띠고 있으며, 무리를 지어 다니는 경우가 많아요. 아기 고양이에게 생대구를 먹이면 남은 성장 시간을 10퍼센트 줄일 수 있답니다.

태평양대구

기본 데이터
- 분류: 대구목 대구과
- 몸길이: 약 100cm
- 주요 서식지: 북태평양

정답은! 한 번에 무려 200만 개 이상의 알을 낳아

대구는 바닷속 깊은 곳에 살아요. 산란기가 되면 한 마리가 약 200만 개에서 많게는 400만 개가 넘는 많은 알을 낳아요. 태평양대구는 세 개의 등지느러미와 아래턱에 메기 같은 수염이 있어요. 우리나라에서 잡히는 대구도 태평양대구예요.

은대구

이름에 대구가 들어가지만, 대구목이 아닌 농어목의 물고기예요. 대구와 마찬가지로 흰살생선이지만, 담백한 대구와는 달리 지방이 풍부해 부드럽고 고소해서 별미랍니다.

명태

사진 출처: Totti (Creative Commons Licence)

북태평양에 널리 분포해 있어요. 대구와 생김새가 비슷하지만 대구보다 홀쭉하고 길쭉해요. 명태는 상태에 따라 생태, 동태, 북어, 노가리 등 35가지의 다양한 이름을 갖고 있답니다.

기본 데이터
- 분류: 대구목 대구과
- 몸길이: 약 80cm
- 주요 서식지: 북태평양 심해

수염대구

몸이 길쭉하고 꼬리지느러미가 노란 것이 특징이에요. 주둥이에 두 개, 턱에 한 개, 그리고 각 콧구멍에 한 개씩 수염이 나 있어요.

복어와 친구들

궁금해? 복어는 어떻게 몸을 부풀릴까?

마인크래프트에서 낚시를 하다 보면 간혹 잡히는 물고기예요. 다른 물고기와 달리 먹으면 독 상태에 빠져요. 그러니 먹지 말고 수중 호흡 물약의 재료로 사용하세요.

가시복

기본 데이터
- 분류: 복어목 가시복과
- 몸길이: 약 30cm
- 주요 서식지: 세계 각지 온대 해역

정답은! 위장에 있는 주머니에 물을 채워서

복어는 위협을 느끼면 몸을 부풀려서 자신을 보호해요. 위장에 있는 확장낭이라는 신축성이 뛰어난 주머니에 물을 가득 채워 몸을 본래 크기의 서너 배까지 부풀릴 수 있지요. 가시복은 온몸이 가시로 뒤덮인 것이 특징이에요. 가시복은 독이 없는 대신, 몸을 부풀렸을 때 가시가 튀어나와 적으로부터 몸을 지키지요.

거북복

거북복은 정면에서 바라보면 네모난 모습을 하고 있어요. 다른 복어에 비해 독성이 약한 편이에요. 크기는 30센티미터 정도랍니다.

자주복

얕은 바다의 바닥 부근에 사는 복어로, 고급 요리 재료로 유명해요. 간, 난소, 비늘 등에 강력한 독이 있어서 관련 면허가 있는 사람만 조리할 수 있어요.

개복치

좌우로 납작한 타원형의 몸에 작은 눈과 입을 갖고 있어요. 복어목이지만 독이 없는데, 복어처럼 몸을 부풀리지 않는 대신 몸집이 커졌다고 해요. 길이는 약 3미터, 무게는 약 2톤에 달할 만큼 무척 크답니다.

기본 데이터
- 분류: 복어목 개복치과
- 몸길이: 약 300cm
- 주요 서식지: 세계 열대 해역

넙치와 친구들

궁금해? 넙치는 왜 납작할까?

참서대
기본 데이터
- 분류: 가자미목 참서댓과
- 몸길이: 약 45cm
- 주요 서식지: 한국, 일본, 중국, 인도

정답은! 잠복에 적합하기 때문에

넙치는 바다 밑 모랫바닥에서 생활해요. 넓적하고 납작한 몸으로 바닥에 착 붙어 천적으로부터 자신을 보호한답니다. 참서대 역시 넙치와 가자미처럼 납작한 물고기예요. 바다 밑바닥 모래에 살며, 갑각류나 작은 물고기를 먹고 살지요.

별넙치

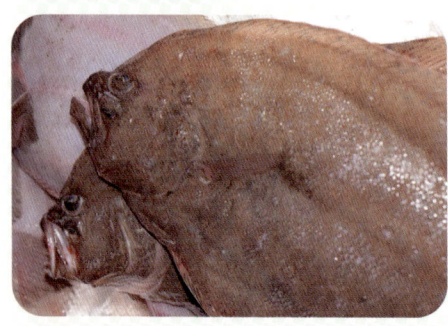

전체적으로 황갈색 바탕에 하얀색 점이 여러 개 있고, 몸 가운데에 커다란 검은 반점이 있는 것이 특징이에요.

기본 데이터
- 분류: 가자미목 넙칫과
- 몸길이: 약 25cm
- 주요 서식지: 한국, 일본, 중국 등지

넙치

우리나라와 일본, 남중국해 등지에 서식하는 물고기로, '광어'라고도 불러요. 몸이 넓적하고 두툼한 데다 맛이 좋아 예로부터 식용으로 사랑받았어요.

붕어와 친구들

궁금해❓ 왜 평소에는 붕어를 잘 먹지 않을까?

붕어
기본 데이터
- 분류: 잉어목 잉엇과
- 몸길이: 약 30cm
- 주요 서식지: 한국, 일본, 타이완

정답은❗ 가시가 많아 먹기 힘들기 때문에

붕어는 잉어와 달리 몸집이 작고 수염도 없어요. 우리나라 모든 하천에서 쉽게 볼 수 있지만, 흔히 먹는 생선은 아니에요. 붕어에는 잔가시가 많고 비린내와 흙냄새 때문에 조리가 까다롭기 때문이지요. 하지만 붕어즙은 약재로 많이 쓰인답니다.

참붕어

이름에는 붕어가 들어가지만 붕어에 비해 몸통이 가늘고 몸이 전반적으로 길쭉한 것이 특징이에요. 주로 떼를 지어 헤엄치지요.

떡붕어

겉모습은 붕어와 비슷하게 생겼지만, 몸통이 커요. 일본이 원산지로, 낚시용으로 국내에 인위적으로 도입된 외래종이에요.

기본 데이터
- 분류: 잉어목 잉엇과
- 몸길이: 약 50cm
- 주요 서식지: 한국, 일본, 중국

각시붕어

우리나라 서해안과 남해안으로 흐르는 하천에 사는 한국 고유종이에요. 알을 낳는 산란기가 되면 수컷의 색이 아름답게 변한답니다.

가자미와 친구들

궁금해? 가자미와 넙치는 어떻게 구분하지?

정답은! '좌넙치, 우가자미'만 기억하면 돼!

가자미와 넙치는 둘 다 납작하게 생긴 물고기로 아주 비슷해요. 등을 위로 하고 배를 아래로 한 뒤 내려다봤을 때 눈이 왼쪽에 치우쳐 있으면 넙치, 오른쪽에 치우쳐 있으면 가자미예요. 또 가자미는 작고 오므린 듯한 입이 특징이지요. 문치가자미는 가자미 중 낚시로 가장 흔하게 잡힌답니다.

문치가자미

기본 데이터
- 분류: 가자미목 가자밋과
- 몸길이: 약 45cm
- 주요 서식지: 한국, 일본

용가자미

다른 가자미와 달리 입이 큰 편이며, 거꾸로 뒤집어 놓아도 한쪽 눈이 보이는 것이 특징이에요. 말린 용가자미는 시중에서 쉽게 찾아볼 수 있어요.

참가자미

용가자미에 비해 주둥이가 작고 뾰족해요. 수심 150미터 이내에서 작은 갑각류와 연체류를 먹고 살아요. 참가자미는 가자미 중에서 가장 고급인 생선이에요.

기본 데이터
- 분류: 가자미목 가자밋과
- 몸길이: 약 50cm
- 주요 서식지: 한국, 일본

갈가자미

얄따란 모양새가 조릿대 잎과 비슷하다고 하여 '조릿대가자미'로 불리기도 해요. 고급 생선으로 취급되고 있어요.

도미와 친구들

궁금해❓ 도미의 별명은?

참돔
기본데이터
- 분류: 농어목 도밋과
- 몸길이: 30~100cm
- 주요 서식지: 일본, 중국, 타이완, 남중국해

정답은❗ 도미의 별명은 '생선의 왕'!

'돔'이라고도 부르는 도미는 예로부터 행운과 복을 가져다준다고 하여 잔칫날 상차림에 올랐던 귀한 생선이에요. 지방이 적고 단백질이 풍부하여 맛과 식감이 일품이며 다른 생선에 비해 잘 상하지 않아 '생선의 왕'이라 할 만하지요. 돔 중에서도 으뜸으로 꼽히는 참돔은 몸의 붉은빛이 아름답고 맛이 좋아 고급 식재료로 쓰이지요.

강담돔

돌돔과 물고기로, 어린 물고기인 치어에는 검은 반점이 있어요. 식중독을 일으키는 독성을 가지고 있으니 조심해야 해요.

감성돔

도미 중에서 가장 검은빛을 띤 물고기예요. 알에서 깨어날 때는 모두 수컷이지만 자라면서 암컷으로 성전환을 하지요. 작은 물고기나 갑각류, 조개, 해초 등을 먹고 사는 잡식성이에요.

기본데이터
- 분류: 농어목 도밋과
- 몸길이: 30~60cm
- 주요 서식지: 한국, 일본, 타이완

돌돔

바다 밑 해초가 무성한 암초 지대에서 살아서 돌돔이라고 불러요. 돌돔의 치어는 몸에 검은 줄무늬가 있는데, 암컷은 줄무늬가 계속 있지만, 수컷은 자라면서 줄무늬가 사라진답니다.

다랑어와 친구들

궁금해? 다랑어는 얼마나 빠르게 헤엄칠까?

참다랑어

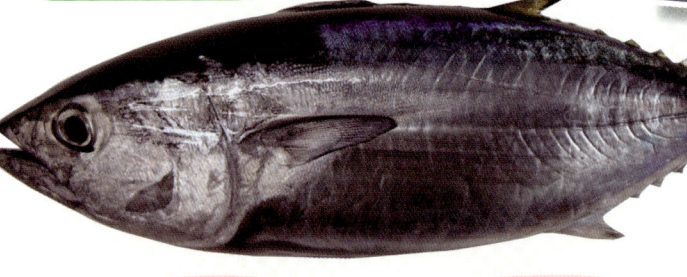

기본 데이터
- 분류: 농어목 고등엇과
- 몸길이: 약 300cm
- 주요 서식지: 태평양

정답은! 실제 평균 시속은 7킬로미터 정도

다랑어는 시속 100킬로미터로 헤엄친다는 이야기가 있었지만, 실제 평균 시속은 7킬로미터 정도로 밝혀졌어요. 헤엄치면서 입에서 아가미 쪽으로 흐르는 바닷물 속의 산소를 빨아들여 가라앉지 않는다고 해요. 우리가 흔히 '참치'라고 부르는 것이 참다랑어예요.

황다랑어

노란빛이 감돌아서 이런 이름이 붙었어요. 우리나라 남해, 일본, 세계의 열대 해역에 주로 살아요.

남방참다랑어

기본 데이터
- 분류: 농어목 고등엇과
- 몸길이: 약 200cm
- 주요 서식지: 인도양

날개다랑어

다랑어 중에서 크기가 작은 편이에요. 회전 초밥집의 초밥 재료로 쓰이거나 통조림으로 가공하는 경우가 많아요.

인도양에서 많이 잡혀 '인도다랑어'라고 불리기도 해요. 참다랑어와 함께 고급 생선으로 취급되며 인기가 좋지요. 크기가 큰 편이라 크기가 2미터, 무게는 100킬로그램에 달하는 것도 있다고 해요.

메기와 친구들

궁금해? 메기는 왜 수염이 달렸을까?

메기

기본 데이터
- 분류: 메기목 메깃과
- 몸길이: 약 60cm
- 주요 서식지: 동아시아

정답은! 메기의 수염은 주변을 탐색하기 위한 센서 역할

기다란 몸에 네 개의 수염이 달린 얼굴이 특징인 메기는 하천이나 호수, 늪지에 서식하는 담수어예요. 네 개의 수염은 주변의 먹이를 판별하거나 물의 흐름을 감지하여 적과의 거리를 재는 센서 역할을 한답니다.

쏠종개

몸이 가늘고 기다란 물고기예요. 검은색 몸에 두 줄의 밝은 노란 줄무늬가 나 있지요. 등지느러미와 가슴지느러미에 독을 품은 가시가 있으니 조심해야 해요.

동자개

기본 데이터
- 분류: 메기목 동자갯과
- 몸길이: 약 30cm
- 주요 서식지: 한국, 일본, 중국

등지느러미와 여덟 가닥의 수염이 특징이에요. 가슴지느러미 쪽 뼈를 맞부딪히면서 '빠각빠각' 하는 소리를 내어 '빠가사리'라고 불리기도 해요. 식용으로도 쓰이며, 튀김에 적합해요.

전기메기

몸속에 발전 기관이 있어서 전기를 일으킬 수 있는데, 사람을 기절시킬 수 있을 만큼 강력해요. 먹이를 잡을 때나 적으로부터 몸을 방어할 때 사용하지요.

뱀장어와 친구들

궁금해? 뱀장어는 여러 번 모습을 바꾼다고?

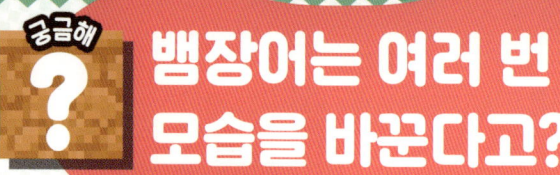

뱀장어

기본 데이터
- 분류: 뱀장어목 뱀장어과
- 몸길이: 약 60cm
- 주요 서식지: 한국, 일본, 중국

정답은! 알에서 부화한 후 네 번의 변태를 거쳐

알에서 태어난 뱀장어는 투명하고 넓적한 버들잎 모습으로, 버들잎뱀장어라고 불려요. 이후 흰실뱀장어, 흑실뱀장어, 피리뱀장어, 메소뱀장어 순으로 성장하여 어른 뱀장어가 되지요. 뱀장어는 장어류 중 유일하게 바다에서 태어나 강으로 올라와서 살다가 다시 바다로 돌아가 알을 낳는답니다.

유럽뱀장어

유럽의 하천에 서식하는 뱀장어예요. 무분별한 남획 및 환경 오염 때문에 현재 멸종 위기에 처해 있어요.

드렁허리

기본 데이터
- 분류: 드렁허리목 드렁허릿과
- 몸길이: 약 80cm
- 주요 서식지: 한국, 중국, 동남아시아

진흙에 파고드는 습성 때문에 논두렁을 허물어 버린다고 하여 붙여진 이름이에요. 몸을 수직으로 세워 머리만 물 밖으로 내놓고 공기 호흡을 하지요.

전기뱀장어

남미 아마존강을 중심으로 서식하고 있어요. 작은 물고기와 같은 먹이를 발견하면 전기를 내뿜는데, 자신의 몸은 두꺼운 지방으로 둘러싸여 있어서 감전되지 않아요.

미꾸리와 친구들

궁금해? 미꾸리도 방귀를 뀐다고?

미꾸리

기본 데이터
- 분류: 잉어목 미꾸릿과
- 몸길이: 약 20cm
- 주요 서식지: 한국, 일본, 중국, 타이완

정답은! 방귀가 아니라 숨을 쉬는 것

미꾸라지와 비슷하게 생긴 미꾸리는 논, 농수로, 습지 등에 서식하는 담수어예요. 다른 물고기처럼 아가미 호흡을 하지만, 물속의 산소가 적어지면 물 밖으로 고개를 내밀고 숨을 들이마신 뒤 엉덩이로 이산화탄소를 배출하는 '창자 호흡'을 한답니다. 이 모습이 마치 미꾸리가 방귀를 뀌는 것처럼 보이지요.

종개

유라시아 대륙에 널리 분포하는 종으로, 입 주변에 여덟 가닥의 수염이 나 있는 것이 특징이에요. 몸 색깔은 초록색과 노란색, 갈색을 띠고 있어요.

기름종개

미꾸라지와 비슷하지만 옅은 몸 색깔에 진한 반점이 있어요. 우리나라의 낙동강과 형산강 줄기에 서식하지요.

쌀미꾸리

기본 데이터
- 분류: 잉어목 종갯과
- 몸길이: 약 6cm
- 주요 서식지: 한국, 일본, 시베리아

이름에 '미꾸리'가 들어가지만, 종갯과에 속해요. 얼굴에는 여덟 가닥의 수염이 나 있지요. 미꾸리는 강바닥을 헤엄치지만, 쌀미꾸리는 중간층에서 헤엄치는 경우가 많아요.

잉어와 친구들

궁금해? 잉어가 출세의 상징인 이유는?

비단잉어

기본 데이터
- 분류: 잉어목 잉엇과
- 몸길이: 약 30~60cm
- 주요 서식지: 일본

긴지느러미잉어

인도네시아에 서식하며 기다란 지느러미가 특징이에요. 몸 색깔은 흰색이나 노란색을 띠고 있어요.

정답은! 잉어가 폭포를 거슬러 올라가 용이 된다는 전설 때문에

폭포를 거슬러 올라간 잉어가 용이 된다는 중국의 전설이 우리나라에 전해지면서 잉어는 출세의 상징이 되었어요. 그 밖에도 재물과 장수를 상징합니다. 비단잉어는 일본에서 관상용으로 만들어진 품종으로, 아름답고 다양한 비늘 무늬가 특징이에요.

긴날개비단잉어

기본 데이터
- 분류: 잉어목 잉엇과
- 몸길이: 약 60cm
- 주요 서식지: 일본

일본의 비단잉어와 인도네시아의 긴지느러미잉어를 교배시킨 종이에요. 마치 나비 날개 같은 긴 지느러미와 비단잉어 특유의 화려한 비늘 무늬가 아름다운 품종이에요.

비늘잉어

독일 남부 지방에서 개량된 품종으로, 비늘이 적은 것이 특징이에요. 모양에 따라 비늘잉어와 가죽잉어로 나뉘어요. 이 두 종류를 합쳐 '독일잉어'라고 부르기도 해요.

가오리와 친구들

궁금해? 가오리는 왜 배에 얼굴이 있을까?

노랑가오리

기본 데이터
- 분류: 매가오리목 색가오릿과
- 몸길이: 약 50cm
- 주요 서식지: 한국, 일본, 중국, 타이완 등지

정답은! 눈처럼 보이는 부분은 바로 콧구멍

넓적한 몸이 특징인 가오리는 배 쪽의 귀여운 얼굴이 매력 포인트이에요. 하지만 사실 눈처럼 보이는 부분은 콧구멍으로, 눈은 몸 바깥쪽에 달려 있어요. 우리나라 서해와 남해에서 볼 수 있는 노랑가오리는 꼬리에 독이 있는 날카로운 가시가 돋아 있어요.

나비가오리

나비가 날개를 펼친 것 같은 생김새를 하고 있어요. 등 쪽에는 둥근 점이 곳곳에 있으며 꼬리가 짧고 가는 것이 특징이에요.

얼룩매가오리

마름모꼴의 거뭇거뭇한 몸에 하얀 점박이 무늬가 있고, 꼬리가 길며, 주둥이가 뾰족하게 튀어나와 있어요. 주로 큰 연체동물과 조개류나 굴 등을 먹고 살아요.

기본 데이터
- 분류: 매가오리목 매가오릿과
- 몸길이: 최대 880cm
- 주요 서식지: 인도양, 대서양 중부

쥐가오리

'만타가오리'라고도 불리는데, '만타'란 라틴어로 망토를 뜻해요. 입이 배 쪽이 아닌 정면에 있는 것이 특징이에요. 가오리 중에서 가장 크기가 크지요.

금붕어와 친구들

궁금해? 금붕어의 기억력은 정말 3초일까?

화금붕어

기본 데이터
- 분류: 잉어목 잉엇과
- 몸길이: 3~20cm
- 주요 서식지: 일본, 중국, 한국

정답은! 금붕어의 기억력이 나쁘다는 건 오해야!

흔히 기억력이 안 좋은 사람을 '금붕어'라고 놀려요. 하지만 실험을 통해 금붕어는 최소 3개월에서 최대 6개월까지 기억력을 유지한다는 사실이 밝혀졌지요. 금붕어는 붕어의 돌연변이종을 관상용으로 품종 개량한 것으로, 몸집이 작고 비늘이 화려한 것이 특징이에요. 현재 금붕어의 품종은 모두 화금붕어에서 개량된 것이에요.

난금붕어

등지느러미가 없고 오동통한 몸뚱이에 머리에 달린 혹이 특징인 품종이에요. '금붕어의 왕'이라고 불리며, 비싼 값에 거래되기도 해요.

툭눈금붕어

이름처럼 툭 튀어나온 눈이 특징으로, 몸 색깔은 크게 검은색과 빨간색, 흰색으로 나뉘어요. 병적인 요인으로 인해 눈이 튀어나온 종을 개량한 품종이어서 시력이 약하고 움직임이 둔해요.

유금붕어

짧고 동그란 몸에 기다란 지느러미로 우아하게 헤엄치는 모습이 특징인 금붕어예요.

기본 데이터
- 분류: 잉어목 잉엇과
- 몸길이: 3~15cm
- 주요 서식지: 세계 각지

송사리와 친구들

궁금해? 송사리를 보잘것없는 사람에 비유하는 까닭은?

송사리

기본 데이터
- 분류: 동갈치목 송사릿과
- 몸길이: 약 4cm
- 주요 서식지: 동아시아, 동남아시아, 인도

달마송사리

일본에서 관상용으로 개량된 송사리예요. 몸길이가 짧고 동글동글한 것이 특징이에요.

정답은! **크기가 매우 작아서**

송사리는 주로 얕은 개천이나 저수지 등에 무리를 지어 살아요. 다 자라도 4센티미터 정도의 크기이기 때문에 권력이 없거나 하찮은 사람을 비유하는 말로 쓰이지요. 몸은 가늘고 길며, 몸에 비해 눈이 큰 것이 특징이에요.

양귀비송사리

관상용으로 개량된 송사리로, 붉은빛의 몸 색깔 덕분에 인기가 높아요. 관상용 송사리의 인기몰이를 주도한 종이기도 해요.

노란송사리

기본 데이터
- 분류: 동갈치목 송사릿과
- 몸길이: 약 4cm
- 주요 서식지: 일본

일본에서 관상용으로 개량된 송사리예요. 노란빛을 띤 주황색이 특징이에요.

아귀와 친구들

궁금해? 초롱아귀는 수컷과 암컷이 합체한다고?

초롱아귀

기본 데이터
- 분류: 아귀목 초롱아귓과
- 몸길이: 약 4cm(수컷), 약 60cm(암컷)
- 주요 서식지: 대서양

정답은! 초롱아귀의 암컷이 수컷을 흡수해

머리에 붙어 있는 빛이 나는 촉수가 초롱 같다 하여 초롱아귀라고 불러요. 초롱아귀를 비롯한 심해 아귀는 암컷의 크기가 수컷보다 훨씬 커요. 수컷은 암컷의 약 10분의 1도 안 되는 크기이지요. 초롱아귀의 수컷은 암컷을 발견하면 암컷의 몸에 달라붙어 영양을 공급받으며 살아가요. 시간이 지나면서 수컷은 암컷에게 흡수되어 한 몸이 되고 정자만 제공한답니다.

별씬벵이

씬벵잇과 중에서도 몸집이 큰 종으로, 몸길이가 30센티미터를 넘어요. 주로 인도 태평양에 서식하는데, 2012년에 우리나라 제주도 앞바다에서도 처음으로 발견되었어요.

무당씬벵이

기본 데이터
- 분류: 아귀목 씬벵잇과
- 몸길이: 약 15cm
- 주요 서식지: 세계 각지

앞발과 가슴지느러미를 이용해 해저를 기어 다녀요. 개체에 따라 색깔이 다양한데, 빨강과 노랑의 바탕에 검은 반점이나 줄무늬가 있는 것도 있어요.

아귀

최대 1미터까지 자라는 아귀는 머리가 몸 전체의 3분의 2를 차지할 만큼 크고 입도 매우 커요. 우리나라는 물론, 서태평양 등 온대 해역에서 살아요.

날치와 친구들

궁금해? 날치는 왜 하늘을 날아다닐까?

정답은! 포식자로부터 도망치기 위해

해수면 근처에 서식하는 날치는 위협을 느끼면 물 밖으로 튀어나와 커다란 가슴지느러미를 날개처럼 펼쳐 활강하는데, 그 모습이 꼭 하늘을 나는 것처럼 보여요. 최장 비행시간은 30~40초, 최장 비행 거리는 300~400미터로 알려져 있어요.

전력날치

기본 데이터
- 분류: 동갈치목 날칫과
- 몸길이: 약 35cm
- 주요 서식지: 태평양, 인도양의 온난한 지역

새날치

가슴지느러미의 반점 무늬가 특징이에요. 다른 날치에 비해 몸이 짧고 두꺼우며 머리가 커요.

제비날치

몸길이가 30센티미터도 채 되지 않는 작은 어류예요. 인도네시아, 필리핀, 일본, 한국 등 따뜻한 해역에 살아요.

태안큰날치

날치 중에 가장 큰 종으로, 우리나라 서해의 태안반도와 일본 남부 바다에서 서식해요. 봄에 온다고 하여 '봄날치'라고도 해요.

기본 데이터
- 분류: 동갈치목 날칫과
- 몸길이: 최대 50cm
- 주요 서식지: 한국, 일본

상어와 친구들

궁금해 ❓ 상어의 후각은 얼마나 발달해 있을까?

백상아리

기본 데이터
- 분류: 악상어목 악상엇과
- 몸길이: 약 6.4m
- 주요 서식지: 세계 각지

정답은 ❗ 수백 미터 떨어진 곳의 피 냄새까지 맡을 수 있어

상어의 후각은 100만 분의 1로 희석시킨 피도 감지할 만큼 예민해요. 뇌의 상당 부분이 냄새를 맡기 위한 기능 세포이기 때문이지요. 백상아리는 바다에 서식하는 대형 육식 어류로 유명한 상어예요. 난폭한 성질로 실제로 사람을 먹기도 해서 식인 상어로도 알려져 있어요.

모래뱀상어

'샌드타이거상어'라고 불리기도 해요. 어미 상어는 자신의 몸속에 알을 낳고 부화하는데, 이때 서로 싸워 가장 강한 새끼 상어만 어미 몸 밖으로 나온답니다.

고래상어

기본 데이터
- 분류: 수염상어목 고래상엇과
- 몸길이: 약 12m
- 주요 서식지: 세계 각지의 온난한 해역

전 세계의 온대 해역에 서식하는 상어로, 회색 바탕의 몸에 하얀 반점이 있어요. 성격이 온순해서 바다에서 사람과 나란히 수영하기도 해요.

톱상어

긴 주둥이에 이빨이 가시처럼 돋아나 있는 모습이 톱날 같다고 하여 이러한 이름이 붙여졌어요. 이 독특한 입으로 바다 밑바닥에 사는 작은 물고기들을 잡아먹어요.

오징어와 친구들

궁금해? 오징어의 다리는 정말 열 개일까?

마인크래프트 속 오징어는 크고 새까만 모습 때문에 무시무시해 보여요. 쓰러뜨리면 먹물 주머니를 얻을 수 있어요. 동굴에서는 매오징어처럼 몸에서 빛이 나는 '발광 오징어'가 등장하는데, 다리가 여덟 개뿐이랍니다.

매오징어

기본 데이터
- 분류: 오징어목 매오징엇과
- 몸길이: 약 7.5cm
- 주요 서식지: 일본

정답은! 여덟 개는 오징어의 다리, 두 개는 촉완

오징어의 다리 중에 가늘고 길이가 긴 것이 두 개 있어요. 이것은 먹잇감을 포획하는 '촉완'으로 팔 역할을 해요. 매오징어는 반딧불이처럼 빛을 뿜는 특징이 있어요. 1000개에 가까운 발광 기관이 온 몸에 분포해 있답니다.

살오징어

우리가 일반적으로 먹는 오징어예요. 겨울철 동해 연안에서 가장 많이 잡히지요.

화살오징어

머리 모양이 뾰족한 화살촉과 같은 생김새를 하고 있어서 붙여진 이름이에요. 주로 회나 조림으로 먹는데, 고급 식재료로 취급되고 있어요.

기본 데이터
- 분류: 살오징어목 오징엇과
- 몸길이: 20~40cm
- 주요 서식지: 일본, 중국, 북한

흰오징어

흔히 '무늬오징어'라고도 불러요. 몸통 전체에 커다란 지느러미가 둘러쳐져 있어서 오징어 중에서 몸집이 큰 편에 속해요.

문어와 친구들

궁금해? 문어의 발에는 왜 빨판이 달렸을까?

참문어

기본 데이터
- 분류: 문어목 문어과
- 무게: 2~3kg
- 몸길이: 50~60cm
- 주요 서식지: 세계 각지의 온난한 해역

정답은 먹잇감을 놓치지 않기 위해

주로 바다 밑바닥에 서식하는 문어는 야행성이라서 낮에는 바위 구멍이나 그늘에 숨어 지내요. 문어에게는 여덟 개의 다리가 있는데, 다리에 붙은 빨판은 잡은 먹잇감을 놓치지 않게 꽉 붙드는 역할을 해요. 또 빨판으로 인간의 혀처럼 맛을 볼 수도 있다고 해요. 참문어는 문어 중에서도 몸집이 작아 '왜문어'라고도 불려요.

핏줄문어

조개나 코코넛 껍데기를 이용해 자신의 몸을 숨겨서 '코코넛문어'라고도 불려요. 몸 색깔은 투명한 부분과 다채로운 무늬가 있는 부분이 섞여 있어요.

대문어

기본 데이터
- 분류: 문어목 문어과
- 무게: 10~50kg
- 몸길이: 약 3m
- 주요 서식지: 북태평양

다리를 포함한 몸길이가 3미터가 넘는 커다란 크기의 문어예요. 우리나라 동해에서 간혹 발견되지요. 미로를 통과할 정도로 지능이 뛰어난 것으로 알려져 있어요.

큰푸른문어

인도양과 태평양에 서식하며, 주로 밤에 활동을 하는 다른 문어와 달리 낮에 사냥을 해서 '낮문어'라고도 불려요. 눈 근처에 둥근 고리 무늬가 있는 것이 특징이에요.

조개·앵무조개와 친구들

궁금해? 조개 안에는 정말 진주가 있을까?

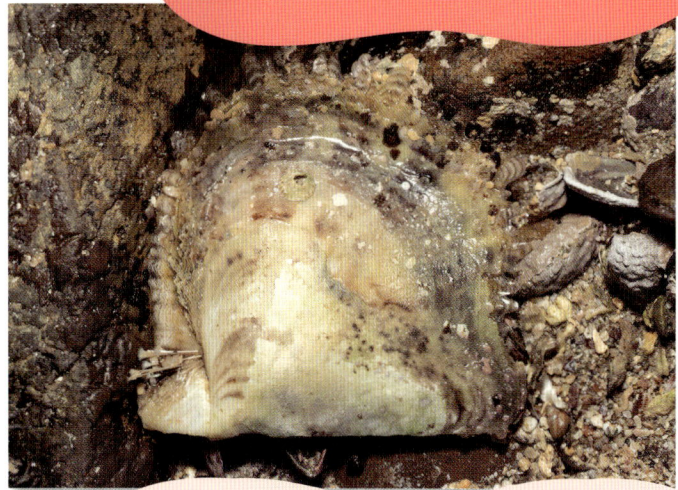

마인크래프트에서는 살아 있는 조개를 만날 수 없지만, 드라운드를 쓰러뜨리면 앵무조개 껍데기 아이템을 얻을 수 있어요.

진주조개

기본 데이터
- 분류: 굴목 진주조갯과
- 껍데기 길이: 5~7cm
- 주요 서식지: 태평양, 인도양의 아열대 해역

정답은! 모든 조개에서 진주가 나오는 건 아니야

밖에서 들어오는 이물질로부터 조개가 자신을 보호하기 위해서 만들어 낸 막이 겹겹이 쌓인 것이 바로 진주예요. 하지만 모든 조개에서 진주가 나오는 건 아니며, 자연의 조개에서 천연 진주가 나올 확률은 천 분의 일 정도에 불과하다고 해요. 진주조개는 다른 종보다 아름다운 진주를 얻을 수 있는데, 자연산을 채집하거나 양식을 통해 진주를 얻는답니다.

나팔고둥

커다란 소용돌이 모양이 특징으로, 다 자라면 길이가 약 30센티미터까지 커져 나팔로 사용할 수 있어서 이런 이름이 붙었어요. 우리나라에서 불가사리의 유일한 천적이에요.

큰가리비

사진 출처: harum.koh (Creative Commons Licence)

기본 데이터
- 분류: 가리비목 가리빗과
- 껍데기 길이: 10~18cm
- 주요 서식지: 한국 동해, 일본, 러시아

커다랗고 넓적한 부채 모양의 조개예요. 조개껍데기를 열고 닫는 근육인 '조개관자'가 다른 조개에 비해 굵고 맛이 좋아 식용으로 널리 사랑받아요.

앵무조개

'조개'라는 이름이 붙어 있지만, 오징어나 문어 같은 두족류예요. 인도·태평양의 열대 해역에 살아요. 고생대 캄브리아기부터 지금까지 그 모습을 유지하여 '살아 있는 화석'이라 불리지요.

갯민숭달팽이와 친구들

 **갯민숭달팽이의 색깔이 다양한 이유는?**

갯민숭달팽이
기본 데이터
- 분류: 나새목 갯민숭달팽잇과
- 몸길이: 약 3cm
- 주요 서식지: 서태평양 연안

 **자신을 잡아먹지 말라고 경고하기 위해**

갯민숭달팽이는 껍데기가 퇴화하여 없는 바다 달팽이예요. 해초나 해면을 긁어 먹고, 독성분이 있는 먹이의 독도 흡수해요. 적에게 먹히지 않기 위해 다채로운 색상을 뽐낸답니다.

군소

수심이 얕은 바다에 서식해요. 머리에 있는 한 쌍의 더듬이가 토끼의 귀와 비슷해 보여 '바다의 토끼'로도 불려요. 해조류를 먹고 산답니다.

기본 데이터
- 분류: 군소목 군솟과
- 몸길이: 30~40cm
- 주요 서식지: 한국, 일본, 중국

스페니시댄서

갯민숭달팽이 중 하나인 스페니시댄서는 움직이는 모습이 마치 레이스가 달린 붉은 치마를 입고 춤을 추는 것 같다고 해서 붙여진 이름이에요. 독을 지니고 있으니 만지지 않도록 주의해야 해요.

기본 데이터
- 분류: 나새목 갯민숭달팽잇과
- 몸길이: 25~40cm
- 주요 서식지: 인도양, 서태평양, 태평양 중부 등

제4장 파충류·양서류

파충류는 육지에 사는 동물로, 몸 표면이 털 대신 비늘이나 살로 뒤덮여 있는 것이 특징이에요. 포유류나 조류와는 달리 주변 환경에 따라 체온이 변하지요. 양서류는 물속에서 태어나 자라지만, 성체가 되면 육지로 올라오는 특징을 가진 생물이에요. 파충류와 양서류 모두 알에서 태어난답니다.

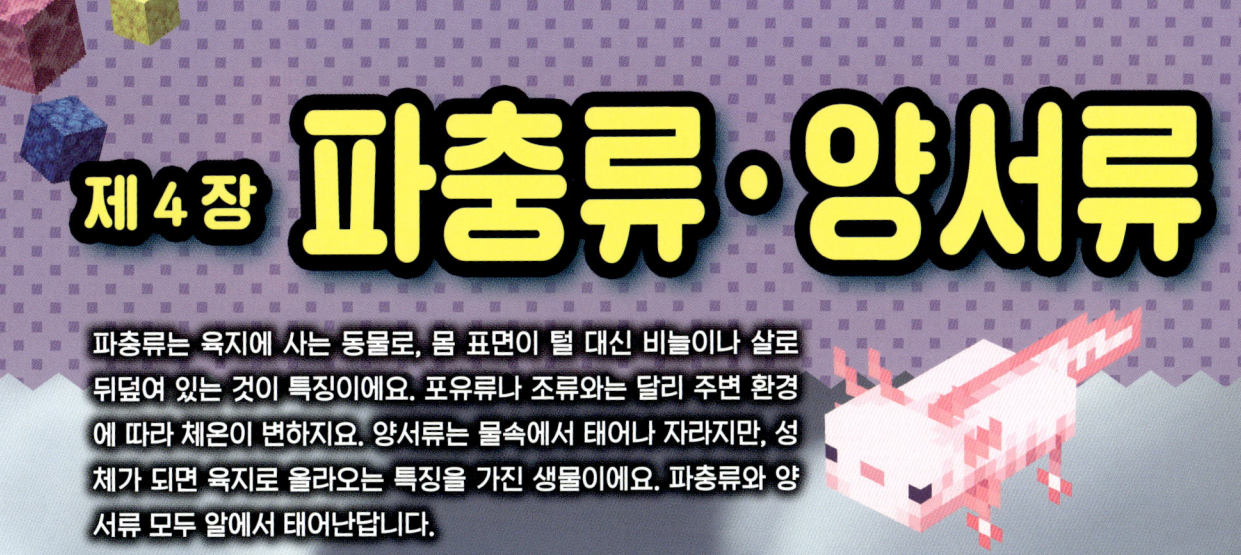

딱딱한 비늘로 뒤덮여 있거나 몸이 미끈거리는 게 특징이지.

거북과 친구들

궁금해? 거북의 등딱지는 무엇으로 만들어졌을까?

마인크래프트의 거북은 모래에서 알을 낳아요. 시간이 지나 알이 부화하여 태어난 아기 거북이 다 자라면 거북 등딱지의 재료가 되는 '인갑'을 준답니다.

바다거북

기본 데이터
- 분류: 거북목 바다거북과
- 등딱지 길이: 70~100cm
- 무게: 70~180kg
- 주요 서식지: 열대 해역

정답은! 등딱지는 원래 거북의 갈비뼈야

거북의 등딱지는 갈비뼈와 척추, 어깨뼈와 엉덩이뼈를 포함한 약 50개의 뼈가 합쳐져 둥근 모양의 단단한 뼈로 변한 것이라고 해요. 바다거북은 이름처럼 바다에 서식하는데, 육지 동물처럼 폐 호흡을 해요.

붉은귀거북

눈 뒷부분에 선명한 빨간 줄이 있어서 이름 붙여졌어요. 생명력이 강해 반려동물로 인기가 높지만, 자연에 방생할 경우 생태계를 교란시킬 수 있어서 우리나라는 2001년부터 수입을 금지시켰어요.

자라

강, 늪지와 같은 담수 물가에 살아요. 거북과 비슷하지만 등딱지가 단단하지 않아서 무게가 가볍고 움직임도 재빨라요. 주둥이 끝이 길게 튀어나와 있어요.

기본 데이터
- 분류: 거북목 자랏과
- 무게: 약 7kg
- 등딱지 길이: 15~35cm
- 주요 서식지: 한국, 중국, 일본, 베트남, 러시아 등지

갈라파고스땅거북

갈라파고스 제도에만 서식하는 세계 최대 크기의 땅거북이에요. 수명이 180년 정도로 오래 사는 것이 특징이에요.

뱀과 친구들

궁금해? 뱀은 다리가 없는데 어떻게 움직일까?

킹코브라

기본 데이터
- 분류: 뱀목 코브라과
- 무게: 약 6kg
- 몸길이: 3~5m
- 주요 서식지: 동남아시아, 중국 남부, 인도 동부

정답은 **몸을 꿈틀거리면서 움직여**

뱀은 다리가 없는 대신 온몸이 비늘로 싸여 있는데, 이 비늘을 세워 미끄러지듯 스르르 움직여요. 하지만 뒤로는 기어갈 수 없지요. 킹코브라는 최대 길이가 5미터나 되는 대형 독사로, 등에는 넓고 검은 얼룩무늬가 있어요. 주로 아시아의 삼림이나 산지에 서식하는데, 우리나라에는 살지 않아요. 매우 공격적이며, 강력한 독을 가지고 있어요.

구렁이

기본 데이터
- 분류: 뱀목 뱀과
- 무게: 0.7~1.5kg
- 몸길이: 1.5~2m
- 주요 서식지: 한국, 중국, 시베리아

우리나라에 사는 뱀 중에 가장 크기가 큰 뱀으로, 현재 멸종 위기종으로 지정되어 보호를 받고 있어요. 우리나라에는 구렁이에 대한 여러 가지 전설이 전해지고 있답니다.

반시뱀

일본에서 서식하는 살무사과 뱀이에요. 삼각형 모양의 머리에 다이아몬드 같은 등 무늬가 특징이에요. 물리면 자칫 목숨을 잃을 만큼 강력한 독을 가지고 있으니 절대 만지면 안 돼요.

이구아나와 친구들

궁금해? 이구아나는 왜 일광욕을 즐길까?

엔젤아일랜드척왈라

기본 데이터
- 분류: 뱀목 이구아나과
- 몸길이: 30~60cm
- 주요 서식지: 남미

정답은! 체온을 유지하기 위해

이구아나와 같은 파충류는 스스로 체온을 조절할 수 없어서 낮에는 햇빛 아래서 일광욕을 하며 체온이 떨어지지 않도록 해요. 엔젤아일랜드척왈라는 남미의 열대 우림에 서식하는 이구아나예요. 위험을 느끼면 몸을 부풀리며, 주로 과일이나 이파리를 먹어요.

녹색이구아나

남미 북부와 서인도 제도에 서식하는데, 몸길이가 최대 180센티미터까지 자라요. 흥분하면 목 부근과 등에 있는 비늘이 커지거나 곤두서요.

바실리스크이구아나

중앙아메리카에 서식하는 파충류로, 물가 근처 나무에 살아요. 위협을 받으면 물로 뛰어내려 뒷발로 일어난 자세로 빠른 속도로 도망치는데, 그 때문에 물 위를 달리는 도마뱀으로도 알려져 있어요. 무려 1초에 두 번 정도 발길질을 한다고 해요.

기본 데이터
- 분류: 뱀목 이구아나과
- 몸길이: 60~70cm
- 주요 서식지: 중미

바다이구아나

몸길이 1.2미터 정도의 이구아나로, 몸은 파란색 또는 녹색이며 주로 해초를 먹고 살아요. 갈라파고스 제도 고유종으로 이구아나 중 유일하게 바닷속을 잠수할 수 있어요.

도마뱀·도마뱀붙이와 친구들

궁금해 도마뱀붙이는 어떻게 벽에 착 달라붙어 있을까?

도마뱀붙이

기본 데이터
- 분류: 뱀목 도마뱀붙잇과
- 무게: 약 3g
- 몸길이: 약 10cm
- 주요 서식지: 한국, 일본, 중국, 타이완

정답은 발가락에 난 얇은 털을 이용해 벽 표면에 달라붙어

도마뱀붙이는 주로 삼림이나 바위에 서식하며, 밤에 활동해요. 종종 어두운 곳의 벽이나 바위에 붙어 쉬고 있는 모습을 볼 수 있는데, 발가락에 미세한 털이 빽빽이 나 있어서 벽에 딱 달라붙을 수 있어요. 이 발가락에서 영감을 얻어 초강력 나노 접착제가 발명되었답니다.

볏도마뱀붙이

뉴칼레도니아에 서식하며, 눈 위에 속눈썹을 닮은 볏이 특징이에요. 나무 위를 좋아해서 평소에는 나뭇가지나 잎 뒤에 숨어 지내요. 주로 곤충을 먹으며 생활해요.

다섯줄도마뱀

기본 데이터
- 분류: 뱀목 도마뱀과
- 무게: 5~20g
- 몸길이: 20~25cm
- 주요 서식지: 일본

일본에서 흔히 볼 수 있으며, 갈색이나 회색 바탕의 몸에 검은 줄무늬가 있어요. 곤충이나 지렁이 등을 잡아먹지요. 적이 나타나면 꼬리를 자르고 도망치는데, 잘린 꼬리는 다시 자라난답니다.

목도리도마뱀

목 주변에 얇은 막을 두르고 있는 독특한 생김새의 도마뱀이에요. 위협을 느끼면 목주름을 우산처럼 펼치지요. 따뜻한 지역에 살며, 바위나 낙엽 속에 숨어 작은 곤충이나 거미를 먹으며 살아요.

악어와 친구들

궁금해? 악어는 왜 입이 클까?

나일악어

기본 데이터
- 분류: 악어목 크로커다일과
- 몸길이: 4~6m
- 주요 서식지: 아프리카

정답은! 먹잇감을 쉽게 포획할 수 있기 때문에

나일악어는 아프리카 원산의 악어로, 몸길이가 최대 6미터에 달하는 것도 있어요. 주로 물가에서 물고기를 잡아먹는데, 때로는 얼룩말이나 하마같이 커다란 포유류를 먹기도 해요. 이렇게 먹이를 쉽게 잡아먹기 위해 입이 크게 발달했고, 턱 힘이 아주 센 거랍니다.

바다악어

몸길이 5~7미터로 현재 살아 있는 파충류 중 가장 크기가 커요. 바닷물과 민물이 섞이는 강가에 살며 수영을 잘하지요. 혀에 특수한 샘이 있어서 염분을 배출할 수 있어요. 바다악어의 가죽을 얻기 위해 많은 수가 포획당했어요.

미국악어

몸길이가 최대 5미터에 달하는 대형 파충류예요. 특징적인 비늘과 강인한 턱 힘을 가지고 있고, 온난한 지역의 물가에 살아요.

기본 데이터
- 분류: 악어목 앨리게이터과
- 몸길이: 3~5m
- 주요 서식지: 북미

인도가비알

가늘고 긴 주둥이가 특징인 악어예요. 주로 인도 동부, 파키스탄 등에 서식하며 하천, 호수, 늪지에서 생활하지요. 강력한 턱으로 물고기나 새를 잡아먹어요.

카멜레온과 친구들

궁금해❓ 카멜레온은 어떻게 몸 색깔을 바꿀까?

베일드카멜레온

기본 데이터
- 분류: 뱀목 카멜레온과
- 몸길이: 약 65cm(수컷), 약 45cm(암컷)
- 주요 서식지: 아라비아반도 남서부

정답은❗ 피부에 있는 반사판을 조정해서

카멜레온은 빛의 세기나 온도, 감정의 변화에 따라 몸 색깔을 바꿀 수 있어요. 카멜레온의 피부에는 빛을 반사하는 '홍색소포'라는 반사판이 있는데, 자신이 원하는 색깔만 보이도록 반사판을 조정하는 거예요. 베일드카멜레온은 투구를 쓴 듯한 머리 위의 벼슬과 끈적끈적한 긴 혀가 특징이에요.

피그미카멜레온

몸길이는 5~10센티미터로 작으며, 나뭇잎 사이에서 생활해요. 주변 환경과 비슷하게 변해서 적으로부터 몸을 지켜요. 길게 늘어나는 혀로 곤충을 재빨리 낚아챈답니다.

세뿔달린카멜레온

기본 데이터
- 분류: 뱀목 카멜레온과
- 몸길이: 15~40cm
- 주요 서식지: 남아프리카, 동아프리카

머리 부분에 독특한 뿔 세 개가 길게 나 있어서 이름 붙여졌어요. '잭슨카멜레온'이라고도 불려요. 아프리카 대륙의 열대 삼림과 초원 등의 나무에 붙어 생활하며, 곤충과 작은 벌레를 먹어요.

카펫카멜레온

화려한 몸 색깔이 특징으로, 주로 마다가스카르에 서식해요. 삼림, 풀숲 등지에 살고 나뭇가지나 풀잎 위에서 생활해요.

도롱뇽과 친구들

궁금해? 도롱뇽의 몸은 왜 미끈미끈할까?

일본붉은배영원

기본 데이터
- 분류: 도롱뇽목 영원과
- 몸길이: 8~13cm
- 주요 서식지: 일본

정답은! 피부로 산소를 흡수하기 때문에

도롱뇽과 같은 양서류는 폐보다 피부로 더 많이 호흡해요. 육지에서도 오랫동안 산소를 흡수하기 위해서는 몸이 항상 촉촉해야 하기 때문에 몸이 미끈미끈하지요. 작은 도롱뇽처럼 생긴 영원은 도롱뇽과 달리 번식기 때는 물 밖으로 나오지 않아요. 우리나라에서는 살지 않는답니다.

고리도롱뇽

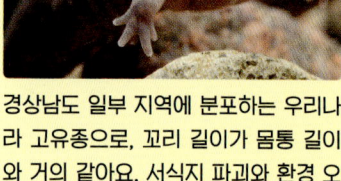

경상남도 일부 지역에 분포하는 우리나라 고유종으로, 꼬리 길이가 몸통 길이와 거의 같아요. 서식지 파괴와 환경 오염으로 머지않아 멸종 위기에 처할 가능성이 높아요.

이끼도롱뇽

우리나라에만 서식하는 고유종으로, 2003년 대전에 있는 장태산에서 최초로 발견되었어요. 허파 없이 피부로 호흡하는 것이 가장 큰 특징이에요.

기본 데이터
- 분류: 도롱뇽목 미주도롱뇽과
- 몸길이: 약 8cm
- 주요 서식지: 한국

노랑무늬영원

검은색 몸에 노란색 점이나 줄무늬가 있어요. 유럽의 삼림이나 강 주변에서 생활하며, 산란기에는 물가에서 알을 낳아요. 위험을 감지하면 등 쪽 옆구리의 돌기에 있는 독샘에서 우윳빛 독을 뿜어내는데, 사람의 몸에 해를 입히지는 않아요.

아홀로틀과 친구들

궁금해? 아홀로틀에게는 초능력이 있다?

마인크래프트에는 분홍색, 파란색, 흰색, 노란색, 갈색의 아홀로틀이 있어요. 그중에서도 파란색 아홀로틀은 상당히 희귀하지요. 하지만 현실 세계에는 파란색 아홀로틀은 존재하지 않는답니다.

아홀로틀

기본 데이터
- 분류: 도롱뇽목 점박이도롱뇽과
- 몸길이: 10~25cm
- 주요 서식지: 멕시코

정답은! 심장과 뇌까지 재생할 수 있어!

귀여운 얼굴과 '우파루파'라는 이름으로도 잘 알려진 아홀로틀은 멕시코가 원산지예요. 다른 파충류처럼 꼬리나 다리를 재생할 수 있는 것은 물론, 심장과 뇌처럼 주요 장기까지 재생할 수 있는 특별한 능력을 지녔어요. 많은 과학자가 의료 기술의 발전을 위해 아홀로틀을 연구하고 있답니다.

알비노아홀로틀

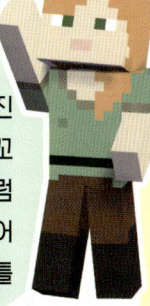

'알비노'란 검은 색소가 없는 개체를 뜻하는데, 새하얀 몸과 빨간 눈동자가 특징이에요. 알비노아홀로틀은 옅은 분홍색이나 옅은 노란색을 띠는 경우가 많아요.

마블아홀로틀

기본 데이터
- 분류: 도롱뇽목 점박이도롱뇽과
- 몸길이: 10~20cm
- 주요 서식지: 멕시코

회색과 갈색, 초록색 바탕에 검은 무늬가 있어요. 야생종과 가장 비슷한 모습이지요. 반짝이를 몸에 붙인 것처럼 반짝거리는 개체도 있어요.

골드아홀로틀

화려한 노란색 몸이 특징이에요. 눈은 하얀색으로, 시력은 그다지 좋지 않아요. 다른 개체에 비해 식욕이 왕성하고 스트레스를 잘 받지 않는다고 해요.

개구리와 친구들

궁금해? 개구리는 새끼 때 어떤 모습이었을까?

마인크래프트에서 개구리는 어떤 생물 군계에서 성장했는지에 따라 주황색, 초록색, 하얀색으로 달라져요. 작은 슬라임과 마그마 큐브를 잡아먹어요.

참개구리

기본 데이터
- 분류: 개구리목 개구릿과
- 몸길이: 4~9cm
- 주요 서식지: 한국, 일본, 중국, 러시아 등지

정답은! 개구리의 새끼는 올챙이!

개구리의 알은 물속에서 부화하여 올챙이가 돼요. 이후 뒷다리, 앞다리가 차례로 나오면서 꼬리가 사라지고 개구리가 되면 육지에서도 생활할 수 있지요. 참개구리는 우리나라에서 흔히 볼 수 있는 개구리로, 갈색이나 초록색 몸에 커다란 검은 무늬가 있어요.

개구리알

올챙이

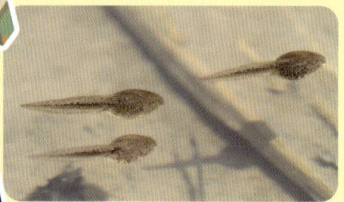

개구리의 새끼를 가리켜요. 개구리는 물속에서 알을 낳고, 알에서 태어난 새끼는 개구리로 성장할 때까지 물속에서 생활해요.

황소개구리

북미가 원산인 개구리로, 몸집이 참개구리의 두 배 정도로 커요. 몸 색깔은 거무스름한 초록색과 갈색을 띠며, '황소'라는 이름처럼 박력 넘치는 큰 목소리로 울어요.

기본 데이터
- 분류: 개구리목 개구릿과
- 몸길이: 10~20cm
- 주요 서식지: 북미, 멕시코 등지

금개구리

우리나라 고유종으로, 등 양쪽에 금색의 선이 두 개 있는 것이 특징이에요.

제5장 절지동물·자포동물

절지동물이란 마디로 이루어진 다리와 단단한 피부를 가진 생물을 가리켜요. 대부분 곤충류인데, 갑각류와 협각류도 여기에 포함돼요. 갑각류는 새우와 같이 단단한 껍데기가 있는 생물이며, 협각류는 거미처럼 입에 뾰족한 송곳니처럼 생긴 다리가 달린 생물이에요. 자포동물은 해파리처럼 촉수가 달린 주머니 형태의 생물을 말한답니다.

> 지구에는 작은 생물이 아주 많아. 육지나 바다, 강 등 어디에서나 살고 있지.

벌과 친구들

궁금해? 꿀벌의 몸에 줄무늬가 있는 이유는?

꿀벌

마인크래프트의 벌은 온순한 편으로, 생김새도 귀여워요. 하지만 공격하거나 벌집을 파괴하면 적대 모드로 바뀌어요.

기본 데이터
- 분류: 벌목 꿀벌과
- 몸길이: 1~2cm
- 주요 서식지: 한국, 중국, 일본

정답은! 독을 가지고 있음을 경고하기 위해

꿀벌의 몸은 검은색과 노란색의 선명한 줄무늬로 이루어져 있어요. 이를 '경계색'이라 하는데, 적에게 독을 가지고 있다는 것을 알려 자신을 보호하기 위함이지요. 우리나라의 꿀벌은 서양 벌에 비해 몸집이 작고 까만 것이 특징이에요.

어리호박벌

오동통한 체형과 가슴 부분에 복실복실하게 난 털이 특징이에요. '부웅' 하는 소리가 날 정도로 박력 넘치는 날갯짓을 하지만, 성격이 온순하고 독도 약한 편이에요.

장수말벌

기본 데이터
- 분류: 벌목 말벌과
- 몸길이: 3~4cm
- 주요 서식지: 한국, 일본, 중국, 인도

제주왕바다리

다리가 무척 긴 벌이에요. 밝고 진한 노란색의 몸 색깔이 특징으로, 우리나라에서는 제주도에서만 볼 수 있어요.

장수말벌은 우리나라의 벌 중 크기가 가장 커요. 6밀리미터나 되는 침을 갖고 있는데, 독성이 강하고 여러 번 쏠 수 있어요. 쏘이면 과민성 쇼크로 사망에 이를 수도 있어서 무척 위험해요.

나비와 친구들

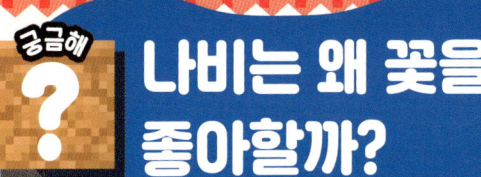

궁금해? 나비는 왜 꽃을 좋아할까?

남방제비나비

대형 나비의 일종으로, 검은 날개에 푸른 무늬가 특징이에요. 우리나라와 일본, 타이완 등의 초원이나 산간 지역에서 흔히 볼 수 있어요. 남방제비나비의 애벌레는 초록색으로, 귤나무, 유자나무, 산초나무 같은 운향과 식물을 먹고 살아요.

호랑나비

기본 데이터
- 분류: 나비목 호랑나빗과
- 몸길이: 4~7cm
- 주요 서식지: 한국, 일본, 중국 등지

정답은! 꽃에 있는 꿀을 빨기 위해

아름다운 무늬와 커다란 날개를 가진 나비예요. 애벌레는 귤과 같은 감귤류 이파리를 먹고 자라는데, 번데기가 된 후 약 2주가 지나면 성충으로 자라요. 나비에 따라 선호하는 꽃이 다른데, 호랑나비는 진달래와 엉겅퀴의 꿀을 좋아해요.

큰줄흰나비

날개를 펼쳤을 때의 크기가 6센티미터 정도 되는 중간 크기의 나비예요. 날개는 전체적으로 흰색 바탕으로, 그 위에 검은색 줄이 있는 것이 특징이에요.

가랑잎나비

몸길이는 약 5센티미터로, 나뭇잎처럼 생긴 날개가 특징이에요. 위험에 처했을 때 죽은 듯이 움직이지 않아 나뭇잎처럼 보이게 함으로써 위험을 피해요.

기본 데이터
- 분류: 나비목 흰나빗과
- 몸길이: 3~4cm
- 주요 서식지: 한국, 중국, 일본, 시베리아

나방과 친구들

궁금해❓ 나방의 무늬는 왜 화려할까?

으름밤나방

나뭇잎 같은 날개와 노란 바탕에 검은 물방울무늬가 있는 날개 두 쌍이 있어요. 애벌레가 으름덩굴을 먹어서 이런 이름이 붙었어요.

정답은❗ 적을 위협하기 위해

나방의 화려한 날개는 주변에 어우러지기 위함이기도 하지만, 적을 위협하기 위해서이기도 해요. 그래서 아틀라스나방의 날개 또한 아주 화려하답니다. 날개를 펼치면 크기가 20센티미터가 넘어서 세계에서 가장 큰 나방이에요.

아틀라스나방

기본 데이터
- 분류: 나비목 산누에나방과
- 몸길이: 10~13cm
- 주요 서식지: 인도, 동남아시아

긴꼬리산누에나방

아름다운 푸른빛의 날개를 가진 나방이에요. 성충이 된 뒤 일주일밖에 살지 못하지요. 그만큼 희귀해서 긴꼬리산누에나방을 보면 행운이 찾아온다고 해요.

기본 데이터
- 분류: 나비목 산누에나방과
- 몸길이: 5~8cm
- 주요 서식지: 한국, 일본, 중국, 러시아 남동부 등지

매미나방

수컷은 옅은 갈색이고, 암컷은 희끄무레한 색을 띠고 있어요. 매미나방의 애벌레는 털이 돋아나 있는데, 이 털에는 독이 있어서 만지면 피부에 염증을 일으키니 조심해야 해요.

기본 데이터
- 분류: 나비목 독나방과
- 몸길이: 약 3cm(수컷), 4~5cm(암컷)
- 주요 서식지: 한국, 아시아, 북미, 유럽 등지

잠자리와 친구들

궁금해? 잠자리는 어떻게 공중회전을 할 수 있을까?

장수잠자리

왕잠자리

초록색과 파란색의 조화가 무척 아름다운 대형 잠자리로, 다른 잠자리에 비해 몸통이 큰 것이 특징이에요.

정답은! 네 개의 날개에 근육이 붙어 있기 때문에

잠자리는 네 개의 날개에 각각 근육이 붙어 있어서 따로따로 움직일 수 있어요. 그래서 하늘을 빠르게 날거나 공중회전을 할 수 있지요. 장수잠자리는 우리나라에 있는 잠자리 중 가장 크기가 크며, 눈이 초록색이에요.

기본 데이터
- 분류: 잠자리목 장수잠자릿과
- 몸길이: 약 10cm
- 주요 서식지: 한국, 일본, 중국

밀잠자리

수컷 성충의 몸통은 푸른색이고 가슴에 검은 무늬가 있어요. 성장함에 따라 몸이 거무스름해지면서 하얀 가루로 뒤덮인답니다. 암컷 성충은 노란 몸에 검은 무늬가 있어요. 수컷과 암컷 모두 날개가 투명해요.

기본 데이터
- 분류: 잠자리목 잠자릿과
- 몸길이: 5~6cm
- 주요 서식지: 한국, 중국, 일본, 타이완, 러시아 등지

고추좀잠자리

'고추잠자리'라는 이름으로 더 익숙해요. 여름에는 높은 산에 머물다가 가을이 되면 산을 내려와요. 수컷은 배가 빨갛고 암컷은 등 쪽이 빨간데, 배는 전체적으로 주황빛을 띠고 있어요.

장수풍뎅이와 친구들

궁금해? 장수풍뎅이는 왜 뿔이 달려 있을까?

헤라클레스장수풍뎅이

기본 데이터
- 분류: 딱정벌레목 장수풍뎅잇과
- 몸길이: 6~18cm(수컷), 5~8cm(암컷)
- 주요 서식지: 중남미

넵튠왕장수풍뎅이

헤라클레스장수풍뎅이 다음으로 큰 대형종으로 남미에 서식해요. 넵튠은 그리스 신화에 등장하는 바다의 신이에요. 몸길이는 8~16센티미터 정도로, 덩치는 크지만 성격은 온순해요.

정답은! 영역 다툼에서 이기기 위해

장수풍뎅이는 멋진 투구 모양의 뿔을 갖고 있는데, 다른 곤충과 영역 다툼을 할 때 뿔을 이용해 상대방을 물리치지요. 이 뿔은 수컷에게만 있어요. 헤라클레스장수풍뎅이는 매우 긴 뿔을 갖고 있는, 세계에서 가장 큰 장수풍뎅이랍니다.

케이론장수풍뎅이

대형 장수풍뎅이로, 수컷은 세 개의 뿔을 가졌는데, 가운데 뿔에 돌기가 있는 것이 특징이에요. 아시아에서 가장 큰 장수풍뎅이로 투력도 강해서 헤라클레스장수풍뎅이와 함께 강한 장수풍뎅이로 알려져 있어요.

기본 데이터
- 분류: 딱정벌레목 장수풍뎅잇과
- 몸길이: 8~13cm(수컷), 4~7cm(암컷)
- 주요 서식지: 수마트라섬, 자바섬, 말레이반도 등지

아틀라스장수풍뎅이

케이론장수풍뎅이와 마찬가지로 수컷 머리에 세 개의 뿔이 달려 있지만, 아틀라스장수풍뎅이의 뿔에는 돌기가 없어요.

기본 데이터
- 분류: 딱정벌레목 장수풍뎅잇과
- 몸길이: 4~11cm(수컷)
- 주요 서식지: 북아프리카

사슴벌레와 친구들

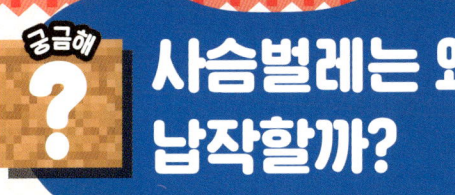

? 궁금해 사슴벌레는 왜 납작할까?

왕사슴벌레

기본 데이터
- 분류: 딱정벌레목 사슴벌렛과
- 몸길이: 3~8cm(수컷), 3~4cm(암컷)
- 주요 서식지: 한국, 중국, 일본

! 정답은 좁은 곳에 잘 숨기 위해

언뜻 보면 장수풍뎅이와 비슷하게 생겼지만, 뿔처럼 생긴 사슴벌레의 턱은 가위 모양으로 두 개가 나 있어요. 왕사슴벌레는 사슴벌레 중에서도 몸집이 가장 크지만, 돌 사이나 나무 구멍처럼 좁은 곳에 잘 숨기 위해 몸이 납작하답니다.

뮤엘러리사슴벌레

사슴벌레 중에서 가장 아름다운 종으로, 몸이 무지개 색으로 반짝반짝 빛나요.

넓적사슴벌레

기본 데이터
- 분류: 딱정벌레목 사슴벌렛과
- 몸길이: 2~8cm(수컷), 2~4cm(암컷)
- 주요 서식지: 동아시아

사슴벌레 중에서 유난히 몸이 넓적해 보여서 이런 이름이 붙었지만, 사실 몸통이 가장 두껍답니다. 짧고 삐죽삐죽한 턱이 특징으로, 우리나라에서 흔히 볼 수 있는 사슴벌레예요.

톱사슴벌레

수컷의 턱 내부에 톱날 같은 이빨이 나 있어서 이런 이름이 붙었어요. 암컷은 붉은빛이 도는 진한 갈색을 띠고 있어요.

사마귀와 친구들

궁금해? 암컷 사마귀는 수컷 사마귀를 왜 잡아먹을까?

왕사마귀

기본 데이터
- 분류: 사마귀목 사마귓과
- 몸길이: 7~10cm
- 주요 서식지: 동아시아

정답은! 알을 낳을 때 필요한 영양분을 보충하기 위해서

초록색의 가느다란 몸과 낫처럼 생긴 다리가 특징인 곤충이에요. 암컷 사마귀는 짝짓기 후 수컷 사마귀를 잡아먹기도 하는데, 이는 암컷이 알을 낳을 때 필요한 영양분을 보충하기 위해서라고 해요. 왕사마귀는 일반 사마귀보다 몸집이 조금 커요.

항라사마귀

전 세계에 널리 서식하는 종으로, 다리를 모으고 있는 모습 때문에 '기도하는 사마귀'라고도 불려요. 날개 부분의 색이 옅어서 얇은 천을 뜻하는 '항라'라는 이름이 붙었어요.

넓적배사마귀

이름처럼 배 부분이 넓적한 것이 특징이에요. 몸 색깔이 초록색인 개체가 많지만, 개중에는 옅은 갈색인 것도 있어요. 몸에 비해 머리와 앞다리가 커요.

기본 데이터
- 분류: 사마귀목 사마귓과
- 몸길이: 5~7cm
- 주요 서식지: 한국, 일본, 중국

좁쌀사마귀

우리나라에 사는 사마귀 중 크기가 가장 작은 사마귀로, 몸길이가 2센티미터밖에 되지 않아요. 암컷과 수컷 모두 아주 짧은 날개를 가지고 있으며, 몸 색깔은 짙은 갈색이에요.

매미와 친구들

궁금해❓ 매미는 왜 큰 소리로 울까?

유지매미

기본 데이터
- 분류: 노린재목 매밋과
- 몸길이: 약 4cm
- 주요 서식지: 한국, 중국 북부, 일본

정답은❗ 수컷이 암컷을 유혹하기 위해

매미는 3~4년의 유충기를 거쳐서 성충이 되면 20일 정도밖에 살지 못해요. 그 기간 안에 짝짓기를 해야 하기 때문에 수컷은 큰 소리를 내어 암컷을 유혹한답니다. 유지매미는 날개가 유지(기름종이)와 비슷해서라는 이야기와 울음소리가 기름이 끓는 소리와 비슷해서 이름 붙여졌다는 이야기가 있어요.

참매미

기본 데이터
- 분류: 노린재목 매밋과
- 몸길이: 3~4cm
- 주요 서식지: 한국, 중국, 일본

'밈 밈 밈' 하고 우는 매미예요. 우리나라에서 '매미' 하면 이 종을 가리킬 정도로 친숙한 종이지요. 한 번 울고 나면 다른 곳으로 이동을 하는 것이 특징이에요.

저녁매미

일본과 중국에서 볼 수 있는 매미예요. 해가 질 무렵에 잘 울어서 저녁매미라는 이름이 붙여졌답니다.

쓰름매미

'쓰름쓰름' 하고 울어서 이런 이름이 붙었어요. 여름이 끝나 가고 있음을 알려 주는 매미이기도 해요.

모기와 친구들

궁금해 ❓ 모기에 물리면 왜 가려울까?

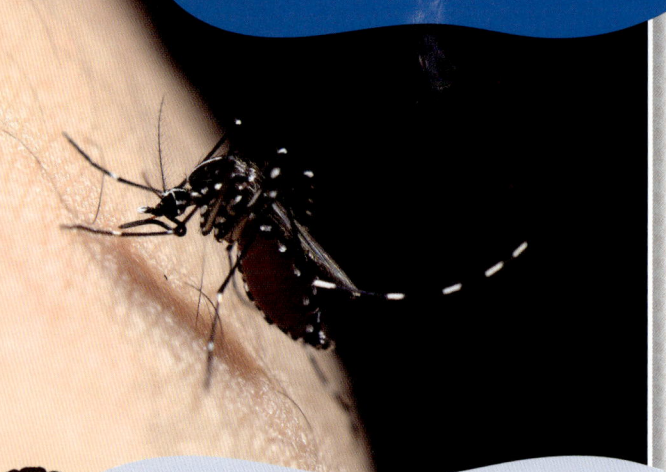

흰줄숲모기
기본 데이터
- 분류: 파리목 모깃과
- 몸길이: 4~5mm
- 주요 서식지: 세계 각지

정답은 ❗ 물릴 때 모기의 타액이 들어오기 때문에

모기의 타액에는 간지러움을 느끼게 하는 성분이 들어 있어요. 그래서 모기가 물면 알레르기 반응을 일으키면서 피부가 붉어지고 가려운 것이에요. 흰줄숲모기는 검은색 몸통에 흰색 줄무늬가 특징으로, 지카 바이러스, 뎅기열 등 바이러스를 옮기는 것으로 알려져 있어요.

각다귀

물가나 습지에 서식해요. 몸길이는 1~3센티미터 정도이며 긴 다리가 특징이에요. 꽃에 있는 꿀을 빨아 먹으며, 사람을 물지 않아요.

빨간집모기
기본 데이터
- 분류: 파리목 모깃과
- 몸길이: 약 5mm
- 주요 서식지: 동아시아

깔따구

번식력이 좋아 무리를 지어 나타나는 특징이 있어요. 작은 모기처럼 생겼지만, 입이 퇴화해서 물지는 못해요.

동아시아에 사는 흡혈 곤충의 일종이에요. 사람이 사는 집에 서식하는 집모기로, 몸 색깔은 붉은빛이 감도는 갈색이지요. 흰줄숲모기처럼 눈에 띄는 무늬가 없어서 존재를 알아차리기 쉽지 않아요. 따뜻하고 어둑어둑한 장소를 좋아한답니다.

무당벌레와 친구들

궁금해? 무당벌레는 왜 눈에 띄는 무늬를 하고 있을까?

칠성무당벌레

기본 데이터
- 분류: 딱정벌레목 무당벌렛과
- 몸길이: 5~9mm
- 주요 서식지: 아시아, 유럽, 북아프리카

정답은! 적에게 맛없는 먹이라고 알리기 위해

무당벌레는 쓴맛이 나는 체액을 내뿜어서 적이 무당벌레를 먹으면 저도 모르게 뱉어 내요. 이렇게 쓴맛이 난다는 사실을 새 따위와 같은 적에게 알리기 위해 경계색이라고 불리는 화려한 색깔을 지니게 되었어요. 칠성무당벌레는 일곱 개의 검은 점이 있는 것이 특징이에요.

꼬마남생이무당벌레

기본 데이터
- 분류: 딱정벌레목 무당벌렛과
- 몸길이: 5~8mm
- 주요 서식지: 한국, 일본, 중국, 태국 등

크기는 칠성무당벌레와 비슷하지만 무늬 색깔과 반점의 개수가 달라요. 검은 몸에 빨간 반점, 빨간 몸에 검은 반점 등 개체에 따라 모습이 다양하지요. 칠성무당벌레처럼 주로 진딧물을 먹고 살아요.

노랑무당벌레

기본 데이터
- 분류: 딱정벌레목 무당벌렛과
- 몸길이: 4~5mm
- 주요 서식지: 아시아

무늬가 없는 노란 몸이 특징으로, 가슴에는 검은 반점이 두 개 있어요. 칠성무당벌레나 꼬마남생이무당벌레와 비교하면 몸집이 작은 편이에요.

메뚜기와 친구들

궁금해? 메뚜기는 어떻게 높이 뛸 수 있을까?

풀무치

기본 데이터
- 분류: 메뚜기목 메뚜깃과
- 몸길이: 약 4cm(수컷), 5~7cm(암컷)
- 주요 서식지: 세계 각지

정답은! 튼튼하고 긴 뒷다리 덕분에

메뚜기는 자기 몸길이의 여섯 배나 되는 거리를 뛰어오를 수 있어요. 메뚜기는 앞다리가 짧고 뒷다리가 긴데, 이 길고 튼튼한 뒷다리를 이용하여 점프하지요. 긴장하고 있던 뒷다리 근육에 힘을 풀면서 활시위의 화살처럼 뛰어오른답니다. 풀무치는 전 세계에 분포하는 메뚜깃과 곤충으로, 무리를 지어 이동하는 습성이 있어요.

섬서구메뚜기

초록색 조각배같이 생긴 메뚜기예요. 암컷의 몸집이 더 커서 수컷을 등에 업고 다니지요. 다른 메뚜기에 비해 움직임이 느려서 잡기 쉬워요.

방아깨비

뒷다리를 손으로 잡고 있으면 마치 방아를 찧는 것처럼 행동해서 이름 붙여졌어요. 몸은 녹색이거나 갈색이에요. 우리나라에서도 흔히 볼 수 있어요.

기본 데이터
- 분류: 메뚜기목 메뚜깃과
- 몸길이: 4~5cm(수컷), 약 8cm(암컷)
- 주요 서식지: 한국, 일본, 유라시아 대륙

좁쌀메뚜기

몸은 검은색으로 광택을 띠고 있어요. 이름처럼 좁쌀 크기만큼 작은 크기가 특징이에요.

하늘소와 친구들

궁금해? 하늘소가 무는 힘은 어느 정도일까?

알락하늘소

기본 데이터
- 분류: 딱정벌레목 하늘솟과
- 몸길이: 2~4cm
- 주요 서식지: 한국, 중국, 일본

정답은! 머리카락을 자를 수 있어

하늘소는 턱 힘이 무척 세서 인간의 머리카락 정도는 손쉽게 자를 수 있을 정도랍니다. 알락하늘소는 기다란 더듬이와 광택이 있는 검은색 몸, 날개의 하얀 반점이 특징이지요. 주로 버드나무의 줄기에 살아요.

버드나무하늘소

몸은 붉은빛이 감도는 갈색인데, 누런색의 짧은 털이 나 있는 납작한 몸이 특징이에요.

모시긴하늘소

기본 데이터
- 분류: 딱정벌레목 하늘솟과
- 몸길이: 약 1cm
- 주요 서식지: 한국, 일본, 중국, 타이완

네줄범하늘소

말벌 같은 노란색, 검은색 줄무늬 때문에 '네줄범'이라는 이름이 붙었어요. 우리나라와 일본 등에서 볼 수 있어요.

모시풀을 주로 먹어서 이런 이름이 붙었어요. 검은색과 하얀색으로 이루어진 몸 색깔이 특징으로, 등 무늬는 대왕판다의 얼굴처럼 생기기도 했어요. 더듬이의 길이는 몸길이와 비슷해요.

비단벌레와 친구들

궁금해? 비단벌레는 왜 반짝반짝 빛날까?

비단벌레

기본 데이터
- 분류: 딱정벌레목 비단벌렛과
- 몸길이: 3~4cm
- 주요 서식지: 한국, 일본, 중국, 타이완, 인도차이나반도

정답은! 날개가 빛을 반사하기 때문에

비단벌레가 빛나는 것처럼 보이는 것은 두께가 다른 날개 표면층이 다양한 색의 빛을 반사하기 때문이에요. 이 빛은 적으로부터 몸을 지키거나 이성을 유혹할 때도 이용하지요. 우리나라 신라시대 고분에서 이 비단벌레의 딱지날개를 이용한 장신구 유물이 발견되었어요.

소나무비단벌레

비단벌레의 화려한 광택에 비해 거뭇거뭇한 구릿빛의 광택이 돌아요. 소나무에 모여 사는데, 몸이 올록볼록해서 나무껍질처럼 보이기도 해요.

검정무늬비단벌레

기본 데이터
- 분류: 딱정벌레목 비단벌렛과
- 몸길이: 약 1cm
- 주요 서식지: 한국, 일본, 중국

소형 비단벌레 중에서 아름답기로 유명해요. 화려하게 빛나는 초록색 몸에 남색 무늬가 있어요. 잡목림 등지에서 찾아볼 수 있어요.

초록비단벌레

기본 데이터
- 분류: 딱정벌레목 비단벌렛과
- 몸길이: 2~3cm
- 주요 서식지: 일본, 아시아

다른 비단벌레보다 작고 희귀한 종이에요. 푸른빛의 날개에 노란 무늬가 새겨져 있으며, 고급스러운 광택으로 종종 보석에 빗대어 소개되는 아름다운 벌레예요. 벚나무, 매화나무 등의 마른나무에 모여 살아요.

개미와 친구들

 **개미는 왜 줄지어 이동할까?**

그물등개미

기본 데이터
- 분류: 벌목 개밋과
- 몸길이: 3~4mm
- 주요 서식지: 한국, 일본, 타이완, 중국

아르헨티나개미

남미가 원산지로, 외래 침입종이에요. 공격성이 강하고 다른 종의 개미굴을 습격해 먹잇감으로 삼기도 해서 생태계에 크나큰 영향을 끼치는 해충이에요.

정답은! 다른 개미가 남긴 냄새를 따라가기 때문

개미는 집단으로 생활하는 사회성 곤충이에요. 먹이를 발견한 일개미가 배에서 내뿜는 '페로몬'이라는 냄새를 따라 다른 개미가 이동하기 때문에 줄지어 움직이게 되지요. 그물등개미는 줄지어 이동하는 개미의 가장 대표적인 종이에요.

붉은불개미

원래는 남미 중부에 서식하는 개미이지만, 배나 비행기를 타고 들어와 우리나라에서도 종종 발견되고 있어요. 독침이 있기 때문에 알레르기가 있는 사람이라면 특히 주의가 필요해요.

일본흰개미

개미처럼 보이지만 사실 바퀴벌레에 더 가까워요. 우리나라와 일본에서 볼 수 있는 흰개미로, 사람의 집 안에 살면서 목재 따위를 갉아 먹어 해충으로 취급돼요.

기본 데이터
- 분류: 바퀴목 흰개밋과
- 몸길이: 4~7mm
- 주요 서식지: 한국, 일본

거미와 친구들

궁금해? 거미가 뽑아내는 실의 정체는?

마인크래프트에서 거미를 쓰러뜨리면 실을 떨어뜨려요. 이 실을 이용해 활을 만들거나 철사 덫 갈고리를 작동시킬 수 있어요.

기본 데이터
- 분류: 거미목 깡충거밋과
- 몸길이: 5~9mm
- 주요 서식지: 세계 각지

초승달깡충거미

거미와 곤충의 차이

거미와 곤충은 비슷하게 생겼지만 서로 다른 생물이에요. 거미의 몸은 머리와 배의 두 부분으로 나뉘고, 곤충은 머리, 가슴, 배로 나뉘지요.

정답은! 배에서 만들어 내는 단백질이야!

거미는 파리나 모기, 바퀴벌레 등의 해충을 잡아먹기 때문에 인간에게 도움이 되는 '익충'으로 여겨지지요. 거미가 뽑아내는 실은 바로 배에서 만들어 내는 단백질이랍니다. 초승달깡충거미는 작고 검은 거미로, 집 안에서 종종 발견되기도 해요.

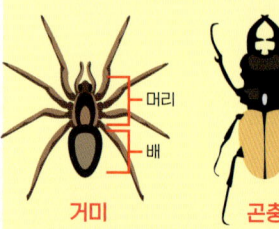

농발거미

일본땅거미

기본 데이터
- 분류: 거미목 땅거밋과
- 몸길이: 10~20mm
- 주요 서식지: 일본

일본 특산종으로, 땅에 구멍을 파서 생활하는 거미예요. 구멍 안에 실을 내뿜어 길고 가느다란 주머니 형태의 집을 만들어요. 공벌레나 쥐며느리 등을 잡아먹고 살지요.

기본 데이터
- 분류: 거미목 농발거밋과
- 몸길이: 15~30mm
- 주요 서식지: 세계 각지

다리가 무척 길어서 다리를 포함한 전체 길이는 8~11센티미터예요. 겉모습은 위협적이지만, 독성은 없어요. 해충을 잡아먹는 익충이기 때문에 눈에 띄면 그대로 두는 것이 좋아요.

전갈과 친구들

 **전갈은 왜 위험할까?**

데저트헤어리전갈

건조한 사막 지역에 서식하는 전갈 중 크기가 큰 전갈로, 꼬리에 독이 있어요. 미국 애리조나, 캘리포니아와 멕시코 등지에 살아요.

황제전갈

기본 데이터
- 분류: 전갈목 이형전갈과
- 무게: 약 30g
- 몸길이: 20cm 이상
- 주요 서식지: 서아프리카

 **꼬리에 독침이 있어서**

전갈의 꼬리에는 강력한 독침이 있어서 먹잇감을 포획하거나 적으로부터 달아나기 위해 사용해요. 하지만 독침이 없는 전갈도 있어요. 황제전갈은 세계에서 가장 큰 전갈로, 강력하고 커다란 집게발로 곤충을 잡아먹어요. 독침이 있지만 독성은 약한 편이에요.

드워프우드전갈

드워프우드전갈은 작은 크기의 전갈로, 혼자 있어도 번식을 할 수 있어요. 독성도 아주 약해서 반려동물로 키우기도 하지요.

얼룩무늬전갈

온몸에 거뭇거뭇한 갈색 무늬가 있는 전갈로, 드워프우드전갈과 마찬가지로 꼬리에 있는 침의 독성이 약해요. 우리나라에서는 볼 수 없어요.

기본 데이터
- 분류: 전갈목 전갈과
- 몸길이: 30~40mm
- 주요 서식지: 아시아 각국

게와 친구들

궁금해? 게는 왜 옆으로 걸을까?

무늬발게

기본 데이터
- 분류: 십각목 바위겟과
- 등딱지 폭: 약 3cm
- 주요 서식지: 서태평양의 열대에서 아열대 지역에 이르는 해안

정답은! 다리끼리 부딪히지 않도록 하기 위해

게는 여덟 개의 다리와 두 개의 집게발을 가지고 있어요. 이 여덟 개의 다리들이 서로 부딪히지 않고 빨리 걷기 위해 옆으로 걷게 되었지요. 무늬발게는 해안에 서식하며, 우리나라 전 해역에 분포해요.

비단게

물이 맑은 해변의 자갈 밑에서 살아요. 성격이 소심해서 바위틈처럼 어둡고 좁은 곳에 숨어 있는 것을 좋아해요.

대게

몸통에서 뻗어나간 다리가 대나무처럼 생겨서 이름 붙었어요. 깊은 바다에 사는 대형 게로, 수컷은 암컷보다 탈피 횟수가 많아서 몸집이 더 커요. 회, 구이, 찜 등의 다양한 방식의 요리로 사랑받고 있어요.

기본 데이터
- 분류: 십각목 물맞이겟과
- 등딱지 폭: 약 15cm(수컷), 약 8cm(암컷)
- 주요 서식지: 우리나라 동해, 오호츠크해, 태평양, 베링해

거미게

심해에 사는 게로, 절지동물 중에서 가장 큰 종이에요. '살아 있는 화석'이라고 불릴 정도로 아주 오랜 옛날부터 서식해 왔어요.

새우와 친구들

궁금해? 새우의 심장은 어디에 있을까?

보리새우

기본 데이터
- 분류: 십각목 보리새웃과
- 몸길이: 10~30cm
- 주요 서식지: 한국, 일본, 인도양, 태평양

징거미새우

수컷 성체는 가재처럼 긴 집게발을 지니고 있어요. 어린 수컷과 암컷의 집게발은 짧은 편이지요. 긴 집게발은 두 번째 다리로, 징거미새우의 첫 번째 다리는 기다란 집게 안쪽에 있어요.

정답은! 새우의 심장은 머리에 있어!

새우의 심장은 머리와 가슴이 외골격으로 감싸인 두흉부에 있어요. 새우는 예로부터 식용으로 활용되어 세계적으로 어획, 양식이 활발히 이루어지고 있지요. 그중 보리새우는 특히 고급 식재료로 인기가 높답니다.

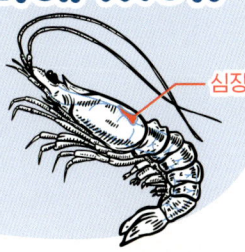

심장

닭새우

육식성 대형 새우로, 몸길이가 40센티미터나 되는 개체도 있어요. 집게발은 없지만 조개껍질까지 씹을 정도로 튼튼하고 커다란 턱이 있지요. 보리새우와 함께 고급 식재료로 취급되고 있어요.

기본 데이터
- 분류: 십각목 닭새웃과
- 몸길이: 30~40cm
- 주요 서식지: 한국, 일본, 타이완

금닭새우

닭새우 중에서도 가장 큰 새우예요. 옅은 파란색 몸에 분홍색 무늬가 있으며, 더듬이와 다리에는 흰색과 검은색 줄무늬가 있어요. 화려한 모습 때문에 관상용으로 박제되기도 해요.

기본 데이터
- 분류: 십각목 닭새웃과
- 무게: 최대 5kg
- 몸길이: 50~60cm
- 주요 서식지: 인도 태평양 열대 지역

물벼룩과 친구들

궁금해? 물벼룩의 눈은 몇 개일까?

물벼룩

기본 데이터
- 분류: 이지목 물벼룩과
- 몸길이: 1~3.5mm
- 주요 서식지: 전 세계 담수 지역

곱사등물벼룩

사진 출처: Keisotyo (Creative Commons License)

배가 평평하고 배영을 할 수 있는 물벼룩이에요. 수면에 멈추어 있을 수도 있답니다.

정답은! 물벼룩의 눈은 한 개

물벼룩은 새우, 게와 같은 갑각류예요. 주로 강이나 호수, 늪지 등의 담수에서 생활하지만, 바다에서 생활하는 종도 있어요. 물벼룩의 눈은 여러 개의 작은 눈이 하나로 합쳐진 겹눈이에요. 세균이나 식물성 플랑크톤을 먹고 사는 물벼룩은 몸길이가 1~3.5밀리미터로 아주 작으며, 물고기와 같은 해양 생물에게 종종 먹힌답니다.

긴뿔물벼룩

머리가 아래를 향하고 있고, 더듬이가 입에서부터 아래로 뻗어 있어서 마치 코끼리 코 같은 모습이에요. 수컷은 더듬이가 움직이지 않지만, 암컷은 더듬이를 움직일 수 있어서 생김새가 달라요.

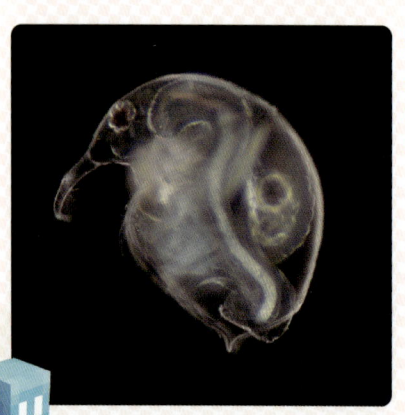

기본 데이터
- 분류: 이지목 긴뿔물벼룩과
- 몸길이: 약 0.5mm
- 주요 서식지: 전 세계 담수 지역

씨물벼룩

동그랗고 귀여운 모양이 특징인 물벼룩이에요. 한눈에 다른 물벼룩과 구별이 가지요. 몸길이가 다른 물벼룩에 비해 짧고 채취하기도 쉬워서, 열대어 등의 먹이로 번식시키는 경우가 많아요.

사진 출처: MarekMis (Creative Commons License)

소라게와 친구들

궁금해? 소라게는 왜 소라 껍데기를 이고 다닐까?

참집게

기본 데이터
- 분류: 십각목 집겟과
- 등딱지 폭: 1~2cm
- 주요 서식지: 한국, 일본, 타이완

물집게

열대 지방에 서식하는 소라게예요. 소라게는 바다 밖으로 잘 나오지 않는데, 물집게는 육지에 살지요. 껍데기 속에 약간의 물을 저장해서 몸이 마르는 것을 막아요.

정답은! 부드러운 몸을 지키기 위해

소라게는 고둥류의 껍데기를 이고 다니는 생물로, 배 부분이 부드러워 충격에 약하기 때문에 위험을 감지하거나 적이 나타나면 껍데기 속으로 몸을 숨겨요. 참집게는 물이 맑은 암초 부근에 무리 지어 살아요.

블루레그바다소라게

기본 데이터
- 분류: 십각목 소라겟과
- 등딱지 폭: 약 2cm
- 주요 서식지: 일본 오키나와, 하와이

초록색 집게와 파란색, 검은색 줄무늬가 있는 다리가 아름다워 사육용으로 인기가 높아요. 소라게는 몸이 커지면서 더 큰 소라 껍데기로 이동하게 되므로, 수조에 교체용 껍데기를 넣어 주는 것이 좋아요.

털보긴눈집게

기본 데이터
- 분류: 십각목 넓적왼손집겟과
- 등딱지 폭: 3~4cm
- 주요 서식지: 얕은 바다의 암초 지역

얕은 바다의 암초에 서식하는 소라게예요. 붉고 굵은 다리를 가지고 있으며, 집게에 뻣뻣한 털이 나 있는 것이 특징이에요.

공벌레와 친구들

궁금해? 공벌레는 왜 몸을 둥그랗게 말까?

공벌레

기본 데이터
- 분류: 등각목 쥐며느릿과
- 몸길이: 약 1cm
- 주요 서식지: 전 세계의 축축한 토양

정답은! 적으로부터 자신의 몸을 보호하기 위해

공벌레는 자극을 받으면 몸을 공처럼 마는 습성이 있어요. 천적에게 공격당할 때 딱딱한 껍데기를 이용해 먹히지 않도록 방어하는 것이지요. 보통 '콩벌레'라고 부르는 벌레는 이 공벌레를 가리켜요.

알비노공벌레

돌연변이로 몸에 색소가 생기지 않는 것을 '알비노'라고 하는데, 온몸이 새하얀 공벌레를 '알비노공벌레'라고 불러요. 알비노는 공벌레 말고 다른 생물에서도 찾아볼 수 있어요.

갯쥐며느리

기본 데이터
- 분류: 등각목 갯쥐며느릿과
- 몸길이: 약 2cm
- 주요 서식지: 한국, 일본

인적이 드문 해안의 모래사장에 살아요. 공벌레보다 크기가 약간 커요. 등에 적갈색, 회색 따위의 점박이 무늬가 있는 것이 특징이에요. 야행성이라서 쉽게 찾아보기 힘들어요.

바티노무스 기간테우스

쥐며느리, 갯강구, 공벌레 등을 포함하는 등각류 중에서 가장 큰 종이에요. 깊은 바닷속의 모랫바닥에 가라앉은 대형 어류의 사체나 연약한 생물을 먹으며 살아요.

겉모습은 거대한 공벌레 같지만, 분류상으로는 갯강구에 가까운 생물이에요.

따개비와 친구들

궁금해 따개비는 이동할 수 없는데 어떻게 먹이를 먹을까?

봉우리따개비

기본 데이터
- 분류: 완흉목 따개빗과
- 직경: 최대 5cm 전후
- 주요 서식지: 얕은 암초

정답은 다리를 움직여서 플랑크톤을 먹어

따개비는 석회질로 만들어진 껍데기를 지닌 고착 생물(다른 물건이나 생물체에 붙어서 사는 생물)이에요. 조개가 아닌 새우와 같은 갑각류로 돌이나 배 바닥 따위에 붙어 생활하는데, '만각'이라고 불리는 부분을 밖으로 뻗어 움직이면서 플랑크톤을 잡아먹어요. 봉우리따개비는 고급 식재료로 활용되고 있어요.

검은큰따개비

최대 4센티미터 높이로 자라는 대형종이에요. 네 겹의 두꺼운 껍데기를 가지고 있는데, 성장하면서 껍데기의 경계가 모호해져요. 껍데기는 거무스름한 보라색이나 회색을 띠며, 바닷물 수온 상승으로 분포 지역이 점차 넓어지고 있어요.

따개비의 만각

따개비의 가슴 부분에는 여섯 쌍의 더듬이 같은 다리가 있는데, 이것을 '만각'이라고 불러요. 사진은 빨강따개비의 만각이에요.

조무래기따개비

우리나라에서 쉽게 찾아볼 수 있는 따개비예요. 암초나 제방에 붙어살며, 바위가 하얗게 보일 정도로 밀집해 있어요. 작지만 단단한 껍데기를 가지고 있어서 건조하거나 뜨거운 환경에서도 잘 견뎌요.

가재와 친구들

궁금해? 가재는 왜 몸이 빨간색일까?

미국가재

기본 데이터
- 분류: 십각목 가잿과
- 몸길이 : 8~12cm
- 주요 서식지: 북미, 멕시코

일본가재

일본에만 서식하는 종으로, 과거에는 식용이나 떡밥으로 이용했지만 개체 수가 줄면서 멸종 위기종이 되었어요. 아키타현에서는 천연기념물로 지정되어 있어요.

정답은! 먹이의 색소가 몸속에서 빨간 색소로 변해서

가재가 먹는 수초 등의 식물성 먹이에 포함된 '카로틴'이라는 성분이 가재의 몸속에서 '아스타잔틴'이라는 빨간 색소를 만들기 때문에 몸이 빨개요. 미국가재는 로키산맥에 살던 종이에요.

얍비

대형 담수 가재로, 보통은 짙은 갈색이지만 파란색을 띠는 개체도 있어서 '블루크로우'로 불리기도 해요. 호주 원산으로, 여러 나라에서 식용으로 쓰여 양식이 활발히 이루어지고 있어요.

기본 데이터
- 분류: 십각목 남방가잿과
- 몸길이: 최대 30cm 이상
- 주요 서식지: 오스트레일리아 남서부

시그널가재

북미 대륙이 원산인 외래종 담수 가재예요. 번식 능력이 뛰어나고 공격적이어서 어류, 수초 등을 마구 먹어 치우지요. 이 때문에 생태계에 커다란 피해를 끼치고 있어요.

지네와 친구들

궁금해? 지네는 왜 다리가 많을까?

왕지네
기본 데이터
- 분류: 왕지네목 왕지넷과
- 몸길이: 8~20cm
- 주요 서식지: 한국, 일본

정답은! 어떤 곳에서든 재빨리 움직이기 위해

지네의 다리 개수는 종에 따라 다른데, 가장 큰 지네인 왕지네의 다리는 42개예요. 이처럼 다리가 많은 덕분에 낙엽이 많은 곳이나 바닥이 고르지 않은 곳에서도 재빠르게 움직일 수 있어요. 가끔 집 안에서도 볼 수 있는 익숙한 해충이지만, 강력한 독을 지니고 있어 조심해야 해요.

돌지네

성격이 소심한 소형 지네여서 사람을 무는 일은 좀처럼 없지만, 약한 독을 지니고 있으니 가까이 가지 않는 것이 좋아요.

일본왕지네

아주 강력한 독을 지닌 푸른빛의 지네로, 일본에 서식해요. 이 지네에게 물리면 극심한 통증과 함께 염증, 구토 반응을 일으킨답니다.

기본 데이터
- 분류: 왕지네목 왕지넷과
- 몸길이: 6~8cm
- 주요 서식지: 일본

스콜로펜드라알시오나

물과 육지 모두에서 서식하는 지네예요. 일본 오키나와, 타이완 등지의 삼림에 있는 물가에 살아요.

해파리와 친구들

궁금해? 해파리의 뇌는 어디에 있을까?

보름달물해파리

기본 데이터
- 분류: 기구해파리목 느릅나무해파릿과
- 갓의 직경: 15~30cm
- 주요 서식지: 전 세계 연안

상자해파리

갓의 네 모서리에 각각 7~8개의 촉수를 가지고 있으며, 촉수의 자포(자포동물이 가진 세포 기관)에 강한 독이 있어요. 상자해파리의 독은 강력해서 심한 경우에는 사망에 이르기도 해요.

정답은! 해파리는 뇌와 심장이 없어!

해파리의 몸은 젤라틴처럼 부드럽고 투명한데, 뇌와 심장, 혈관을 찾아볼 수 없어요. 대신 해파리는 몸속을 지나는 신경의 움직임에 따라 행동해요. 보름달물해파리는 우리나라 바다에서 가장 쉽게 찾아볼 수 있는 종이에요.

장식헬멧해파리

기본 데이터
- 분류: 근구해파리목 장식헬멧해파릿과
- 갓의 직경: 10~12cm
- 주요 서식지: 태평양 열대 해역

해저 부근에서 거꾸로 뒤집혀 생활하는 독특한 해파리예요. 몸속에는 '황록공생조류'라는 미생물이 기생하고 있는데, 이 미생물이 광합성을 하기 쉽도록 거꾸로 생활한다고 해요.

노무라입깃해파리

기본 데이터
- 분류: 근구해파리목 근구해파릿과
- 무게: 최대 200kg
- 갓의 직경: 최대 2m
- 주요 서식지: 동아시아의 얕은 바다

대형 해파리로, 수많은 개체가 무리 지어 나타나 어업 피해를 일으키는 것으로 알려져 있어요. 플랑크톤을 먹으며, 촉수 자포에 적은 양의 독을 지니고 있으니 만지면 안 돼요.

말미잘과 친구들

궁금해? 말미잘은 어떻게 이동할까?

버블팁아네모네

기본 데이터
- 분류: 말미잘목 해변말미잘과
- 몸길이: 약 30cm
- 주요 서식지: 인도 태평양 지역의 열대 해역

정답은! 족반을 이용해서 천천히 이동해

말미잘은 전 세계 바다에 서식하는 생물이에요. 주로 바위 위에 정착해서 사는데, 밑바닥에 있는 족반을 이용해서 이동하는 습성이 있어요. 버블팁아네모네도 잘 이동하는 말미잘로 알려져 있어요.

검정꽃해변말미잘

회색빛을 띠는 암갈색 촉수를 지니고 있으며, 해안의 바위틈 따위에 붙어 있어요. 몸 한쪽에 혹 모양의 빨판이 있어서 작은 돌이나 조개껍데기 부스러기를 붙이고 다녀요.

해변말미잘

기본 데이터
- 분류: 말미잘목 해변말미잘과
- 몸길이: 약 4cm
- 주요 서식지: 한국, 일본

몸이 짙은 분홍색을 띠어요. 우리나라에는 주로 남해에 분포하는데 간혹 동해 연안에서 발견되기도 해요.

풀색꽃해변말미잘

몸 색깔이 전체적으로 풀색을 띠어요. 전 세계에 분포하며, 우리나라에서도 해안가 암석에서 흔히 볼 수 있답니다.

사진 출처

10쪽
흑염소: 셔터스톡

11쪽
멧토끼: 국립생물자원관(윤광배)

29쪽
족제비: 국립생물자원관(김현태)

34쪽
청설모: 국립생물자원관(김현태)

58쪽
수리부엉이: 국립생물자원관

73쪽
참붕어: 국립생물자원관(김병직)
각시붕어: 종현, CC BY-SA 3.0

90쪽
군소: 국립생물자원관

93쪽
구렁이: 국립생물자원관(이정현)

98쪽
이끼도롱뇽: 국립생물자원관(김현태)
고리도롱뇽: 국립생물자원관(김현태)

100쪽
금개구리: 국립생물자원관(김현태)

※ 누락된 사진 출처가 있다면 추후 보완하겠습니다.